中途採用人材を活かすマネジメント

転職者の組織再適応を促進するために

甲南大学経営学部教授

尾形真実哉
OGATA MAMIYA

生産性出版

はじめに
中途採用者が生き生きと働ける社会をつくる

　本書の目的は大きく2つある。1つめは、中途採用者の視点に立って、中途採用者の新しい環境への「再適応課題」や「組織再適応」を促進する要因について、質的データと量的データの双方を用いて詳細に分析し、中途採用者の組織再適応を理解することである。2つめは、組織の視点に立って、中途採用者に新しい環境でその能力を十分に発揮してもらうために、企業には何が求められるのかを分析し、中途採用者の組織再適応をサポートする施策を提示することである。

　そして、最終的な目的としては、中途採用者が生き生きと働くことができる社会づくりに貢献することである。

　拙著『若年就業者の組織適応—リアリティ・ショックからの成長』を白桃書房から上梓したのが2020年。そこでは、学生から社会人への移行を果たした新人や若手社員の組織への適応を質的データと量的データの双方を用い、長期的な観点からその複雑な世界を紐解いた。個人が新しい環境に身を投じたとき、どのような課題に直面し、それをどのように乗り越えていくのか。早期離職が社会問題となっていたこともあり、その解明に貢献できればという思いで研究に取り組んでいた。

　その研究に取り組むかたわら、神戸大学大学院経営研究科の専門職大学院でリサーチ・アシスタントを経験させてもらった際、研究を通じて親しくさせてもらったMBA生の方より、「うちの中途採用者が思い通りの成果を出してくれない。その理由を探って欲しい」という相談を受けた（同じような課題に直面している企業は多いのではないだろうか）。

　声をかけてもらった際の私自身の研究テーマは、「若年就業者の組織適応」であったが、「中途採用者の組織再適応」という課題にも、とても興味を抱いた。一般の大学から企業への移行は、大学から職場への移行(school to work transition)であり、中途採用者は、職場から職場への移行（work to work transition）となる。同じキャリアトランジションであっても、その様相は大きく異なり、当時の研究テーマである「若年就業者の組織適応」の理解にもつながる興味深いテーマだと感じた。

実際に調査や研究をはじめてみると、個人の組織適応について、ある程度の知見は有していたつもりだったが、中途採用者の組織再適応は、新卒者の組織適応とは大きく異なっており（もちろん、共通する部分もあるが）、また、重要な社会課題とも言え、深く追究するに値する研究テーマであると感じた。

　少子高齢化により、今後日本の労働力は乏しくなってくる。そうなると新卒採用がむずかしくなるため、企業の人材確保は中途採用が中心となり、ますますその重要性は高まってくると考えられる。実際に、令和元年においても入職者の多くが転職入職者であることが理解でき（図表0‐1）、今後もその傾向が続くであろう。

図表0‐1　日本における入職者の状況

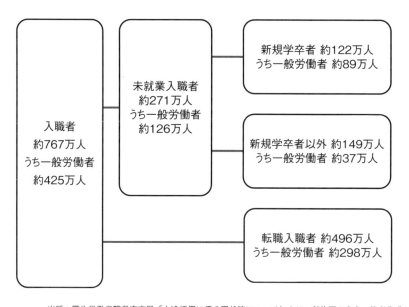

出所：厚生労働省職業安定局「中途採用に係る現状等について」より一部修正のうえ、筆者作成

　それゆえ、中途採用者を上手く組織に再適応させ、期待通りのパフォーマンスを発揮してもらうことが、企業にとっても重要な組織課題になる。労働力が乏しくなるということは、企業の人材獲得競争が激化することを意味しており、それに敗れた企業が衰退していく可能性は否定できない。

　しかし、日本の中途採用者に対する人事制度は、未整備の企業が多い。入社から退職まで一企業キャリアが一般的だった以前の日本社会から、バブル崩壊以降、リストラや転職が一般的になっている。また、ITの発展にともない、グローバルな競争も激化した。そのような環境の変化は、今まで有していなかった新しい知識やスキル、技術を企業に要請し、それらを有する即戦力の人材が求められるようになった。

　つまり、日本の労働市場において、中途採用が一般的となり、その重要性も高まったのである。そのような急激な労働環境や経済環境の変化に企業がついていけず、何の制度的整備もないままに即戦力採用として、中途採用を開始した。それが結局、手つかずのまま、今まで続いている企業が多いのではないだろうか。その根底には、「中途採用者は社会人を経験しているから、特にサポートは必要ないだろう」という思い込みが存在していると考えられる。後に本書でも論じるが、それは大きな間違いである。中途採用者こそ、充実した教育やサポートが求められる。

　中途採用活動や中途採用者に慣れていない企業もあり、中途採用者にどのように接して良いかわからず、会社側も困惑している。会社がそうであれば、社員も同様である。既存社員は、中途採用者にどのように接して良いのかわからないため、コミュニケーションをとることを躊躇し、職場内での中途採用者と既存社員の不協和の要因となってしまう。それが中途採用者の定着をより一層、むずかしくしている。

　本書は、そのような中途採用者に対する社会の誤解を解き、中途採用者を上手く組織に再適応させ、高いパフォーマンスを発揮させるために何が必要なのかを、豊富なデータの分析結果をもとに提示したい。

　また、研究者だけではなく、多くの実務家の方々にも読んでもらいたい。それゆえ、なるべく実務家の方々にも読みやすく、わかりやすい構成や表現を意識した。この点が読者に伝わり、多くの方々に手にとってもらえることを願っている。

2021年2月吉日

尾形真実哉

中途採用人材を活かす
マネジメント

第**1**章
中途採用者の「組織再適応課題」は何か
質的データ分析より抽出された6つの課題

第2章

人的ネットワークの重要性と
効果的なコミュニケーション

中途社員と既存社員の心理的障壁を取り除くために

第3章
組織内人的ネットワークのつくり方、広げ方
ネットワークはコミュニケーションだけで広がるわけではない

第4章
中途採用者の適応エージェントの性質
組織内で必要なサポートを解明する

第5章
中途採用者の能力を引き出す
職場環境をデザインする
組織再適応を促進／阻害する要因の検証

第6章

オンボーディング施策の現状とその効果

中途採用者の組織への定着を高めるマネジメント

先行研究の検討

第7章

組織再適応をどう促進するのか

分析結果の提示と実践的提言

本書のガイド
その目的と構成

前著では、若年就業者が夢や希望を持って生き生き働ける魅力的な社会づくりに貢献できるような研究書にした（つもりである）。本書の目的も同様に、中途採用者が生き生きと働くことができる社会づくりに貢献することである。

　中途採用者が生き生きと働ける社会は、私たちが働く個人のキャリアにとっても非常に有意義である。中途採用の一般化は、自分の働く場所や携わる仕事を自分自身で選択できる機会が増えたことを意味し、充実したキャリアを歩める可能性が高くなる。

　また、企業側にとっても、中途採用者を上手く再適応させることができるノウハウがあれば、多くのメリットを享受できる。まずは、中途採用者に期待通りの能力を発揮させることが可能になり、それは企業のパフォーマンスにも直結する。また、転職市場が流動的になれば、リテンション施策（既存社員を企業内にとどめておく施策）にも力を入れなければならなくなる。自社の有能な人材を他社に引き抜かれることを防ぐために、企業側は人材の育成や教育に力を注ぐことで、企業の魅力度を高めることにもつながる。企業が人材育成やリテンション施策に力を注げば、従業員の能力や満足感、幸福感も高まり、パフォーマンスも高まる。このような人材育成への注力は、採用時のアピールにもなり、優秀な人材の集まる良質な母集団を形成することも可能になる。

　このように中途採用市場が流動的になり、上手く機能するようになれば企業にとっても、そこで働く個人にとっても有意義である。本書は、そのような中途採用者の組織再適応課題と中途採用者に必要なサポートや施策を明確にすることで、中途採用者を上手く組織に再適応させるために重要な要素を明らかにしていきたい。それができれば、中途採用者が生き生きと働ける社会づくりに貢献できると考えている。

1　想定する3タイプの読者層とは？

　想定している読者層は、3つに分類できる。

　まずは、研究者や研究者を志す大学院生の方々である。現在、経営管理論や組織行動論、人的資源管理論などの領域を中心に、働く個人に関連する研究も多くなり、その研究蓄積は豊潤なものとなっている。しかし、ま

だまだ研究蓄積が乏しい研究対象も存在しており、中途採用者の組織再適応に関する研究は、まさにそのような研究対象の１つである。社会としても重要な中途採用について、さらなる研究の蓄積が求められる。本書が中途採用に関する研究のすべてを網羅し、問題点を克服できているわけではない。さらなる研究の蓄積が求められるが、本書をそのきっかけとして欲しい。

　２つめが、転職を考えている働く個人の方々である。転職には勇気が必要である。ある程度、現在の仕事や環境に満足している場合でも、キャリアアップのために転職を考えている人もいるであろう。しかし、転職先が今よりも良い環境であるという保証はまったくない。転職を躊躇する理由の多くが、それではないだろうか。もちろん、転職することが「100％正解だ」や「転職したほうが良いキャリアを歩める」と言うつもりはない。現在の会社で働き続けるというキャリアの歩み方も素晴らしい。ただ、転職をしたいのに、転職先がどのような環境かわからないから転職を躊躇しているという人がいれば、本書を読んでもらいたい。本書は、転職先でどのような課題に直面するのか。それを克服するためには、どのような意識や行動が求められるのか。それらに対する答えやヒントを提供することが可能になり、転職を躊躇している個人の背中を押す役割を果たせるかもしれない。

　３つめが、中途採用者を受け入れる企業の人事担当者の方々である。終身雇用が一般的だった日本企業で、転職が当たり前になってきたのは、最近の話かもしれない。それゆえ、中途採用者に対する教育制度やサポート施策が整備されていない日本企業は多い。また、少子高齢化で人材確保がむずかしくなる将来に備え、やっと中途採用を考え出した企業も少なくない。そのような企業は、中途採用者がどのような課題に直面し、何に苦しみ、どのようなサポートを求めているのかを理解できていない可能性が高い。また、中途採用者は社会人経験が豊富だから、何らサポートは必要ないと考えている企業や、採用した中途採用者が期待通りのパフォーマンスを発揮していない企業もあるかもしれない。

　中途採用者を上手く組織に再適応させ、期待通りのパフォーマンスを発揮させるためには、企業として中途採用者の再適応課題や再適応の支援策についての理解が求められる。それを理解してもらうことが、本書の重要

な役割だと思っている。中途採用者の再適応や教育に頭を悩ませている企業があれば、本書を役立てていただきたい。

2 「組織再適応」について7つの章で構成

本書は7章で構成されている。第1章は、A社の中途採用者11名に対するインタビュー調査から、中途採用者の組織再適応課題について質的データを分析する。

続く第2章では、中途採用者の組織内人的ネットワークの効果とその構築に効果的なコミュニケーションのあり方を、中途採用者142名に対する質問票調査から得られた量的データを分析し、検証する。

第3章では、中途採用者の組織内人的ネットワークの構築・広範化を促進する要因を質的データを用いて分析する。

第4章では、中途採用者の組織再適応をサポートする適応エージェントに焦点を当て、中途採用者と新卒採用者の適応エージェントがどのように異なるのかを記述形式のネットワーク・クエスチョン（Burt, 1984）と質的データを用いて明らかにする。

第5章では、中途採用者499名に対する質問票調査から得られた量的データを分析し、中途採用者の組織再適応を促進／阻害する要因は何かを検証する。

ここまでが中途採用者の視点に立った分析である。続く第6章は、組織の視点に立った分析となる。この第6章では、中途採用を実施している日本企業416社に質問票調査を実施し、中途採用者のオンボーディング施策の現状と組織再適応に効果的なオンボーディング施策は何かを量的データを用いて検証する。

第7章では、本書の第1章から第6章までの中途採用者の視点と企業の視点を統合した中途採用者の組織再適応モデルを提示し、日本企業への提言が示される。

最後に補章として分析で見出された発見事実をもとに、中途採用者の組織再適応施策のチェックリストを作成し、実践的な観点から中途採用者の組織再適応をサポートする。

このように本書は、中途採用者と企業の双方の視点から中途採用者の組

織再適応について分析している。

3 押さえておきたい「用語説明」

1 組織適応と組織再適応の違いを知る

　中途採用者の組織への再適応を論じる場合、そのものを扱う理論が乏しいため、個人の新しい環境への参入を扱う組織社会化論（organizational socialization）が援用される場合が多い。しかし、組織社会化研究は、基本的には学校から職場への移行（school to work transition）を果たした個人が対象となるため、中途採用者の組織参入にそのまま用いることは不適当であろう。

　そこで出てくるのが、組織再社会化（organizational resocialization）という概念である。中原（2017）は、組織再社会化とは「以前に所属していた組織でいったん社会化された個人が新組織の一員になっていくプロセスであり、既存組織において学習されたものを必要に応じて捨て去り、新組織で目標達成に必要な知識・スキル・価値・行動を再学習し、新組織に適応していく過程」と定義している。つまり、組織再社会化は、学校から職場への移行ではなく、職場から職場に該当し、転職者に関する理論と言える。

　しかし、組織再社会化は、もう1つ異なる意味で使われている場合もある。内藤（2011）は、海外転勤から日本企業に戻った際の職場への適応を組織再社会化と表現している。しかし、この場合は、基本的には同一組織内での異動であり、組織再社会化で対象とされる異なる組織への移行ではない。確かに、環境や共に働く同僚も大きく異なり、転職と同様にストレスフルな移行であるとは言える。しかし、概念的に言えば、組織再社会化の対象ではない。そこで尾形（2018）は、これらを組織社会化や組織再社会化、組織内再社会化として分類することが有益であると主張している（図表0-2）。

　尾形（2018）で示されているように、「大学から職場への移行」と「職場から職場への移行」は、まったく異なるものであり、両者を「組織適応」とくくってしまうことは、理論的に問題が生じてしまう可能性が高い。

　そこで本書では、大学から職場への移行は「組織適応」、職場から職場への移行は「組織再適応」として区別することにしたい。つまり、本書は

図表0‐2　組織社会化と組織再社会化の概念整理

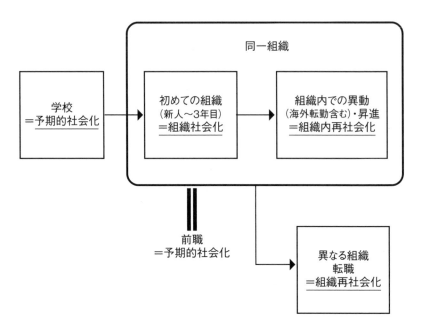

出所：尾形（2018）より一部修正のうえ、引用

「組織適応」に関する研究ではなく、「組織再適応」に関する研究である。

本書では両者を異なる意味で用いており、その点を注意して読み進めてもらいたい。

2 中途採用者の定義

中途採用者をどのように定義しているのかを説明したい。転職の回数や転職時の年齢は組織再適応に影響をおよぼす可能性は高いが、本書ではそれらを考慮せず、前の会社から新しい会社に参入した転職者（work to work transition）を中途採用者ととらえている。

また、中途採用者という言葉も、中途採用人材や中途入社者など多様な言葉が用いられることが多い。本書のタイトルでは、中途採用人材という言葉を用いているが、人材マネジメントという言葉で知られるように、タイトルに用いられているマネジメントという言葉に適していると考え、中

途採用人材と表現している。それゆえ、より組織の視点に立った見方と言えよう。

　しかしながら、本書の中では中途採用者という言葉が主に用いられている。これは、中途採用人材という組織の視点と区別し、中途採用者1人ひとりの視点に立った見方を表現するためである。本書では、中途採用者個人の意識や語りを中心に分析を行ったため、この言葉を用いることとした。

第1章

中途採用者の「組織再適応課題」は何か

質的データ分析より抽出された
6つの課題

本章の目的

　第１章の目的は、A社の中途採用者11名に対するインタビュー調査から得られた質的データを分析し、中途採用者の組織再適応課題について理解することにある。

　日本企業の特徴の１つとされてきた終身雇用は、入社から退職まで１つの会社に所属し続ける雇用のあり方を示したもので、転職という概念は一般的ではなかった。しかし、バブル崩壊以降、いわゆる日本的経営が崩壊し、日本の労働市場においても転職が一般的となった。バブル崩壊後の変化と不確実性が人事部門にはびこり、従業員のキャリア・パスに脅威を与えている。そのため従業員は業績を残しても、もはや職務の安全は保障されないということを知っている。

　このような状況が個人のキャリア形成にも影響を与え、会社任せだった個人のキャリアは、自分自身で自律的に行わなければならなくなった。労働市場においても組織と組織の境界線が希薄化しており、そのような組織間を自由に移動するキャリア形成のあり方（バウンダリーレス・キャリア: boundaryless career）が日本でも浸透してきたと言えよう。当然、そのような労働市場やキャリア形成のあり方が変化すれば、それに付随して課題も生じる。それが中途採用者の転職先への再適応の問題である。

　学校から職場への移行（school to work transition）を扱う若年就業者の組織適応に関しては、日本においてもその蓄積は増え、ある程度の知見は得られている。しかし、中途採用者の再適応に関する研究の蓄積は、まだまだ乏しく、その研究蓄積が求められる。まずは本章で、中途採用者の組織再適応課題を解明していくことにしたい。

先行研究の検討

個人の出来事としての「キャリア・トランジション論」

　先行研究の検討では、キャリア・トランジション論を中心に検討していくことにしたい。中途採用者の組織への再適応は、前職から新しい会社への移行であり、それはキャリア・トランジション論が扱う領域である。

1　キャリア・トランジション論　2つの意味

　キャリア・トランジションという言葉は、2つの意味で用いられている。1つは、発達論的視点から見た「トランジション」、もう1つは、イベントとしての「トランジション」である。前者は、成人の各年代や発達段階には共通した発達課題や移行期があるという見方である。ここでのトランジションという言葉は、これらの共通した発達課題や移行期を意味している。このような研究には、Erikson（1963）やLevinson（1978）などがあげられるが、本章での対象はこの生涯発達論的視点から見たキャリア・トランジション論には該当しない。

　というのも、この視点に立つキャリア・トランジションは、生まれてから死ぬまでといった広範な視点からキャリア発達をとらえ、その移行について論じられているものがほとんどだからである。

　そこで2つめのとらえ方である、イベントとしてのキャリア・トランジション論について検討したい。イベントとしてのキャリア・トランジションの視点は、結婚、離婚、就職、転職、昇進、失業、引越し、本人や家族の病気などのように、トランジションをそれぞれの個人における独自の出来事（events）として、とらえる視点である。これらのいくつかは、人生において大きな転機となる出来事である。

　Hopson and Adams（1976）は、キャリア・トランジションの形態をトランジションの発生の予測可能性と予測不可能性、さらにそのトランジションが自発的なものか非自発的なものかという、それぞれ2×2の組み合わせで、次の4つに分類している（図表1-1）。

図表1-1　トランジションの形態の分類

トランジションの形態（forms of transition）	
①予測可能（predictable）－自発的（voluntary）	例：結婚
②予測可能（predictable）－非自発的（involuntary）	例：軍隊への入隊
③予測不可能（unpredictable）－自発的（voluntary）	例：ネット上での出会い
④予測不可（unpredictable）－非自発的（involuntary）	例：地震

出所：Hopson and Adams（1976）、p.6より筆者作成

　このように私たちが遭遇するキャリア・トランジションは、多様な性質を持つことが理解できる。

2　トランジション　4つの性質

　仕事上のトランジションにもいくつかの種類が存在している。たとえば、新任管理者24名、新人看護師10名、新人ホワイトカラー26名への移行を質的に比較分析した尾形・元山（2005）では、それぞれのトランジションの質的相違によって、適応課題が異なることが示されている。ここから第1章の分析に有意義な知見を提供する尾形・元山（2005）の研究について、紙幅を割いて論じていくことにしたい。

　尾形・元山（2005）では、3つのキャリア・トランジションは、組織の境界線の相違によって、それぞれ異なる性質の移行になることを主張している。そこでの境界線は、Schein（1971）が提示した機能的境界（functional boundaries）、階層的境界（hierarchical boundaries）、中心性境界（inclusionary boundaries）の3つに依拠している[1]。尾形・元山（2005）は、この3つの境界線を用いて新任管理者への移行と新人看護師への移行、新人ホワイトカラーへの移行を職務への理解度と組織への理解度によって区別している。それが図表1-2である。

　新任管理者Aは、課長や係の経験によって、人の上に立つ仕事を経験している。さらに、自分が担当者時代の管理職者の行動を直接、観察することによって学習することができた。そのため管理職への理解度は高いと予想できる。また、組織への所属期間も長期間に渡り、組織の慣習や文化

図表1-2 職務理解度と組織理解度に関する
キャリア・トランジションの質的相違

新人看護師 周辺的外部者から 内部者への移行	**新任管理者 A** 内部者から中心的 内部者への移行 (同一部門での昇進)
新人 ホワイトカラー 外部者から 内部者への移行	**新任管理者 B** 周辺的内部者から 中心的内部者への移行 (他部門からの昇進)

縦軸：職務理解度（高・低）　横軸：組織理解度（低・高）

出所：尾形・元山（2005）

など、組織に関する理解度も高い。それゆえ、「内部者から中心的内部者への移行」というトランジションの性質と言える。

しかし、ある程度の成果を出し、管理職に昇進した個人でも、昇進時に今まで自分が活躍したフィールドと異なるフィールドに配置転換される場合もある。そのような管理者Bの場合、組織に関する知識は豊富だが、職務理解度はまだ低いと予想される。部下の管理に関する知識やスキルがあったとしても、具体的にその部署がどのような仕事をしているのか、どのような職務スキルが求められるのかは、ある程度仕事に携わってみなければ不明確であろう。それゆえ、「周辺的内部者から中心的内部者への移行」と呼ぶことができる。

以上のように、同じ新任管理者への移行と言っても新任管理者Aと新任管理者Bのトランジションは、質的に異なることが理解できる。

次は、看護大学生から新人看護師への移行である。新人看護師は、大学4年間の授業と実習を通じて、看護師という仕事に関する理解度は高いと予想することができる。しかし、看護大学生が実習を経験する病院と実際に就職する病院は異なる場合が多い。病院も企業と同様に営利団体である。

利益を出すために理念や方針があり、看護師と言えども病院経営を意識しなければならない。つまり、それぞれの病院によって、経営方針や理念、組織文化、組織構造、人事制度が異なる。そのため実習で体験した病院と異なる病院に就職した場合は、1から病院についての学習が求められる。それゆえ、「周辺的外部者から内部者への移行」と呼ぶことができる。

　それに対して新人ホワイトカラーは、就職後、自分が就く仕事に関する知識も自分が所属することになる組織の知識も乏しく、双方の理解度は低い。日本独自の新卒一括採用の場合、新人ホワイトカラーは、自分がどのような職に就くのかを把握することはむずかしい。会社に就職して、さらには数週間か数カ月間の研修を終了した時点で、自分の配属が通達される場合もある。

　そのような場合、事前に自分の就く仕事に関する知識を習得しておこうとしても何を学んでおけば良いのかがわからない。また、就職を決定した組織の情報も、世間一般で抱かれているようなイメージや就職活動のときに得た情報しか有していない。つまり、新人ホワイトカラーの仕事への理解度と組織への理解度は、共に低いということを表している。それゆえ、一般の大学からホワイトカラーへの移行は、「外部者から内部者への移行」と呼ぶことができる。

　尾形・元山（2005）は、多様なキャリア・トランジションの普遍性を抽出していると同時に、質的に異なるキャリア・トランジションの個別性も提示している。新任管理者へのキャリア・トランジションの個別性としては、新人看護師や新人ホワイトカラーに比べ、組織内に多様な学習源が存在し、多様な情報源と多くの情報を有していること、また、その特有のストレスとして「責任の拡大」や「任せることへのジレンマ」「任せられない」といったようなストレスがあげられている。

　新人看護師への移行に関しては、ある程度の予期的社会化がなされていることや他者の命に関わる仕事に携わることへの「恐怖感」などの特有のストレスがあげられている。

　新人ホワイトカラーへの移行に関しては、白紙状態（タブラ・ラサ）やそれに起因する多くの学習課題、「下っ端ストレス」や「モニター・ストレス」「ロールモデル・プレッシャー」などの新人ホワイトカラー特有のストレスがあげられている。

さらに、要求されるスキルの相違もあげられている。新任管理者は、その名の通り、管理する役割を担うポジションであるため、組織と個人の目標管理、リスク管理、人の管理、場の管理といったように多くの管理対象があげられている。つまり、新任管理者に求められる重要なスキルになるのは、「マネジメント・スキル」ということになる。

新人看護師は、他者の命に関わる責任の重い職務に就く。彼らの1つひとつの医療処置が、患者の生死を左右する。そのためミスを犯すことは絶対に許されない。こうした職務に就く新人看護師は、特に高度な「テクニカル・スキル」が求められている。

新人ホワイトカラーは、今までの学生意識から社会人へのアイデンティティの変化、意識の変化が要求される。そこでは、社会人としての礼節、職場内外での対人コミュニケーションなど、特に「ソーシャル・スキル」の習得が求められている。

尾形・元山（2005）は、性質の異なるキャリア・トランジションにおいても普遍性は存在していることと同時に、その質的相違によって適応課題や求められるスキルが異なることも示されている。

3　転職者の研究　新人よりも結果を求められる転職者

ここまで見てきたキャリア・トランジションは、プレイヤーからマネジャーへの移行、大学生からホワイトカラーへの移行、看護大学生から看護師への移行であり、転職者のような会社から会社への移行とは質的に異なる。それゆえ、ここからは、転職者に関する研究について見ていくことにしたい。

Feldman and Brett（1983、1985）は、新人と転職者の仕事に関する学習と新しい環境への適応時のエントリー経験を比較分析し、4つの違いを提示している。

⑴新人は既存社員と同等のレベルになるまでの時間を与えられるが、転職者はすぐに転職前のようなパフォーマンスが期待されている。

⑵たいていの新人は、新しい仕事に対する公式的なトレーニングが用意されていたり、必要なときに支援を求めるように促されるが、転職者は新

しい環境でのトレーニングはほとんど用意されていない。転職者は以前の仕事と現在の仕事がまったく関係のないものであったときでも、組織や他者からの支援は自分自身で見つけ出すことを期待されている。

(3)新人は学校からすぐに就職したため、同僚たちは新人たちに多少戸惑うことを予測している。そのため同僚たちは、新人に対して多くのソーシャル・サポートを提供する。その一方で、転職者も新しい環境に不確実性や孤独感を抱いているにもかかわらず、同僚たちは彼らの心配や緊張感を知ることはほとんどない。

(4)転職者たちは、新しい仕事で不適切になった以前の環境での規範や態度、価値観、行動様式を捨て去らなければならない。

　これらの指摘は、新人と転職者の特徴を的確にとらえており、その相違点が明らかとなっている。また、中途採用者が置かれている厳しい現実が理解できるであろう。

　さらに、Feldman and Brett（1983）は、新人と転職者が直面する新しい仕事での機会と要求、制約に相違が存在しているため、新人と転職者は新しい環境への対応に異なった対処行動をとることが示されている。Feldman and Brett（1983）は、そこでの適応行動を8つ提示している。それらの8戦略は、①少しでも長い勤務（Work Longer Hours）[2]、②仕事手順の変更（Change Work Procedures）、③職務の再定義（Redefine the Job）、④権限委譲（Delegate Responsibilities）、⑤他者からの職務支援の獲得（Get Others to Provide Task Help）、⑥情報探索（Seek Out Information）、⑦ソーシャル・サポートの探索（Seek Out social support）、⑧意図的なストレス軽減（Palliation）[3]である。そして、それらの戦略がどのような役割を果たしているのかを分析している。

　分析の結果、転職者は新人に比べて少しでも長い勤務や権限委譲の適応戦略をとる傾向がある一方で、新人は他者からの職務支援の獲得や仕事に関する情報探索、ソーシャル・サポートの探索などの適応戦略をとることがわかった。転職者は自分自身に対して、より高い行動基準と他者をコントロールしようとする戦略を好むのに対し、新人は他者からの支援やサポートを求める戦略を好むことが示されている。

　転職者は自分の環境を構築したり、変更したりする機会を多く持つが、

すぐに高いパフォーマンスを発揮することが期待されている。一方、新人は環境を変える力はないが、組織から豊富なトレーニングやサポートが用意されている。新人たちは未熟な存在であるため、自分たちが置かれている環境を自分の力で積極的に変えることには限界がある。それゆえ、新しい環境に適応するため、仕事の支援や仕事関連の情報、ソーシャル・サポートを求めることが指摘されている。

4　先行研究の問題点　数が少ない転職者の組織再適応研究

　先行研究において比較的多いのは、新しい役割への移行に関する研究であり、転職者の組織再適応に関する研究は少ない。日本の経営学の領域においても、新しい役割への移行に関する研究として、学生から社会人への移行（尾形、2006a、2006b、2007a）や管理者への移行（金井、2005、元山、2007a、2007b、2008）、海外帰任者の再適応（内藤、2011）、スポーツ選手の引退後のセカンド・キャリアへの移行（髙橋編、2010）などのキャリア・トランジションの研究は目にすることができるが、中途採用者の組織への再適応に関する研究はほとんど目にすることができない。

　近年、中途採用者の数が増加傾向にある日本の労働市場で、中途採用者の転職先企業への再適応に関する研究は、社会的にも重要なテーマである。終身雇用が一般的だった日本企業の人事部にとっても、中途採用者をどのようにサポートすれば良いのかといった知識がほとんどないため、どのような人事施策が必要なのかを理解することができていない。

　それを理解するためには、中途採用者の組織再適応の現状について正確に理解することが求められる。そこで本章では、中途採用者の組織再適応に焦点を定め、再適応課題について質的データを分析することで明らかにしていきたい。

5　研究課題の提示　中途採用者の組織再適応課題は何か

　研究課題をA社の中途採用者11名に対するインタビュー調査から得られた質的データを分析していく。

多様な語りから現実を描き出す質的分析を行う

1 調査協力企業 東証一部上場企業のA社

調査に協力いただいた企業は、関東に本社のある東証一部上場企業のA社である。

人材採用に関しては、新卒採用と同時に中途採用も積極的に行い、多くの中途採用者が在籍している。

2 調査協力者 転職者11名〈男性〉へのインタビューを実施

調査協力者は、中途採用者が合計11名で、性別はすべて男性である。[4]図表1‐4が、調査日と調査協力者の詳細である。

図表1‐3 調査協力者の概要

職種	転職者
営業職	5名（すべて男性）
技術職	6名（すべて男性）
合計	11名（すべて男性）

3 調査方法 1対1の対面で3日間にわたり実施

インタビュー調査は2015年2月16日から2月18日までの3日間で行われた。インタビューは1人につき60分までであった。質問項目は事前にガイドラインを用意しているものの、インタビューの内容によって柔軟に質問内容を変える半構造化インタビューの形式で行なった。

インタビューは、筆者が会社を訪問し、筆者対調査協力者（1対1）の形で行われた。その内容は調査協力者の了承のもと、レコーダーに録音さ

図表1-4　中途採用者のインタビュー調査協力者の属性

調査協力者	勤続年数	所属部署	調査日
AO氏（男性）	中途10年目	営業	2015年2月16日
BH氏（男性）	中途3年目	営業	2015年2月16日
CK氏（男性）	中途4年目	SE	2015年2月16日
DY氏（男性）	中途10年目	営業	2015年2月16日
ES氏（男性）	中途4年目	営業	2015年2月17日
FN氏（男性）	中途4年目	SE	2015年2月17日
GT氏（男性）	中途5年目	技術開発	2015年2月17日
HS氏（男性）	中途2年目	技術開発	2015年2月17日
IF氏（男性）	中途25年目	営業	2015年2月17日
JK氏（男性）	中途19年目	技術開発	2015年2月18日
KH氏（男性）	中途3年目	技術開発	2015年2月18日

れた。録音されたデータは研究目的以外には使用しないこと、固有名詞の
記述法など、倫理上の約束事を設けてインタビューは実施された。録音さ
れた内容は、その後、レコーダーから文章形式に変換されており、全部で
36万字に達した。その文書化されたデータを分析に用いている。

　このデータは、国内において数少ない中途採用者の組織再適応に関する
貴重なデータであるため、なるべく一人ひとりの語りを重視し、多様なス
トーリーの中から中途採用者の組織再適応の現実を描写していくことを心
がけた。

分析結果

6つの再適応課題

　ここからは、インタビュー調査で得られた質的データを分析していく。
研究課題は、「中途採用者の組織再適応課題は何か」である。

1　中途採用者の再適応課題　質的データ分析よりわかったこと

　質的データの分析の結果、中途採用者の再適応課題として「スキルや知識の習得」「暗黙のルールの理解」「アンラーニング」「中途意識の排除」「信頼関係の構築」「社内における人的ネットワークの構築」の6つが抽出された。以下にそれぞれについてデータを用いながら示していきたい。

■ スキルや知識の習得

　中途採用者の組織再適応課題の1つめとして、「スキルや知識の習得」があげられる。中途採用者の入社パターンとして最も多いのが、前職と同じ業種での転職であろう。具体的には、営業職は転職先でも営業職に、製品開発の技術者は転職先でも製品開発に携わるという転職である。

　しかし、そのような転職であっても会社が異なれば多くの点で事情は異なり、知識不足やスキル不足を学習し、補わなければならない。以下の中途採用者は、同じ職種での転職であるにもかかわらず、仕事の質が大きく異なり、戸惑いを覚えていることが理解できる。

　　前職と現在の仕事は同じですか。[5]

　　ソフトウェア開発では大きな違いはないですが、開発スピードが速いです。そこは大きく違うと思います。スピードと責任範囲が広いです。今は製品の機能をデザインするところから一任されています。前の2社は機能の設計については一任ではなく、有識者を含めて合意をとってからキーマンを決定します。その場に私も入りはするんですけど、一任ではない。ここは「まず1人でやってみろ」というところがあると思います。（中略）責任範囲が新しいものを創造するところにまで求められているんです。それはかなり高度な領域をともなうので、できる人とできない人がもちろんいます。

　　やれと言われてできるものではないんですか。やはり大変なことですか。

　　多分、何の前提知識もなければできないので、それを積極的に自分から集めていく。自分の中で納得した形で、これだと売れる、もしくはユーザーに受けるところを強くアピールできるところまで持

っていかないと、多分求められた結果を出せないと思います。（中途採用3年目、SE、BH氏）

　上記のBH氏の発言からは、前職とソフトウェア開発という職種は同じであるが、責任範囲が異なり、求められる知識も異なることが理解できよう。それゆえ、新しい仕事にも対応できるような知識の習得が求められている。

　また、まったく異なる業界や業種からの転職者も存在していた。それが次のインタビュイーである。

　　僕の場合はですけど、畑違いゆえの業務知識が劣っているといったところ。あとは社内製品ですかね。特に大きな会社になればなるほど商品が多岐に渡るんで、どの種類でどんなシステムなのか、あとはその歴史、このシステムって昔のバージョンのときは、こんなことができていたのかというのを僕は知らない。網羅的に覚えようとしても、なかなか覚えられないですよね。たくさん覚えないといけないことがある。 （中途採用25年目、営業、IF氏）

　上記のIF氏は、前職と異なる職種に転職したため、より多くの知識を習得しなければならなかったことが理解できる。

　知識にはどこの環境にもポータブル可能なスキルと持ち運びできない固有の知識の2つの種類がある。中途採用者は、社会人としての働き方や顧客とのコミュニケーションの取り方など、どのような会社や仕事にも必要とされる汎用性の高い知識は、すでに身につけている。しかしながら、組織には固有の知識も多く、そのような知識が新しい職場にも存在しており、新たに学習し、理解し、習得していくことが求められる。

　扱う製品や業界が同様でも、会社が異なれば仕事のやり方やプロセスは大きく異なり、新しい会社に適した知識を習得しなければならない。その点を組織側は理解することが重要である。

2 暗黙のルールの理解

　2つめは、暗黙のルールの理解である。会社にはその会社固有の文化や慣習があり、目に見えない暗黙のルールも存在している。そのような組織文化や暗黙のルールは、仕事を円滑に遂行するために重要な役割を果たす場合もあるため、習得しなければならない知識となる。それが以下の中途採用者の発言からも理解することができる。

　　しきたりとかもわからないですよね。暗黙的なしきたりってあるじゃないですか。そういうのもまったくわからない。
　　そういうのを教えてくれる人はいないんですか。
　　教えてくれるというよりも、「知らないこと」がわからないんですよ。「知らない」ってどういうことというのが、わからないんだと思うんです。そういうのもあるし、中途だと期待されることと知らないことのギャップは結構大きいような気はします。他の会社でSEをやっていましたというだけで、お客さんとも話ができるし、企画提案書も書けるし、SEをやっていたらシステムのことも全部知ってるよね、みたいな。でもそれは、SEのやっていた業務によって偏っているかもしれないし、本当は説明しないといけないことがされていないとか、そういうこともあるような気はします。
　　それって相当、時間がかかりますよね。
　　そうです。だから開発だとまだましなんですよね。知らない言語だってインターネットで見て得られますけど、経験則とかそういうところを理解するのは中途だときついんじゃないかなという気はしますね。
　　　　　　　　　　　　　　（中途採用19年目、技術開発、JK氏）

　上記のように、中途採用者にとって職場内の暗黙的なしきたりや経験則的な仕事のやり方などを理解することはむずかしいことがわかる。
　さらに、以下の中途採用者も会社の暗黙のルールや言葉にできない部分を習得することのむずかしさを語ってくれた。

　　暗黙のルールとか会社のカルチャーとかは、ある程度、把握されているんですか。

いや、まだまだなんじゃないですか。

そういうのは誰かに教えてもらえるものなんですか。

いや、感じるんでしょうね。他の中途の人とそういう会話はあまりしたことないですけど、少なくとも中途の人間は、風土とか文化を学んで吸収して、自分のものにしていくところに時間がかかるなと思います。

そのとき、誰かに話を聞いたりはしないんですか。

もちろんしますけどね。話を聞いてすまないところというか、裏の言葉だったりだとか、仕事上、実はこういう根回しをやっておくと良いんだよねとか、あるじゃないですか。体感しているものというか、言葉にできないところみたいな。なかなか吸収できないなというのは、みんな感じてるんじゃないかな。

（中途採用4年目、営業、ES氏）

　上記のES氏の発言からは、仕事上、体感しているものや言葉にできない慣習などは習得がむずかしく、時間がかかることが理解できる。

　これらの暗黙のルールや慣習、仕事のやり方などは、目に見える規則以上に、組織内における職務遂行において重要な役割を果たすものとなるため、高いパフォーマンスを求められる中途採用者にとっては早急に理解し、習得しなければならない。

　これらの暗黙のルールや慣習などの組織文化は、新人も同様に理解し、習得することが求められる。しかし、新人は長い時間をかけてそれらを理解していくことが許されており、それらをじっくり教えてくれる先輩や同僚の存在もある。それに対して早急に成果を出さなければならない中途採用者には、時間の猶予はない。

　さらに、中途採用者のように、前職での経験から染みついた前職での暗黙のルールや慣習は、無意識のうちに自分たちの行動を規定するものとなっており、無意識レベルで身についてしまったそれらを脱ぎ捨てることは容易ではない。それゆえ、暗黙のルールの理解は、中途採用者の重要な再適応課題と言える。

❸ 中採用者に求められるアンラーニング（unlearning）

　先述の暗黙のルールの理解の際に、中途採用者が前職で染みついた行動規範を脱ぎ捨てなければならないことを論じた。それがアンラーニングである。アンラーニングとは、「学習棄却」と訳され、いったん学習したことを意識的に忘れ、学び直すことを言う。アンラーニングは、中途採用者だけではなく、既存社員にとっても、そして組織全体にとっても成長過程において重要な課題としてあげられるが、とりわけ古い環境から新しい環境に移行した際は、古い環境で染みついた知識や習慣、行動特性を棄却し、新しい環境のそれらを習得しなければ、上手く環境に適応することはできない。

　中途採用者は、前職でそれなりのパフォーマンスを発揮してきた者が多く、そのような経験から得られた持論を容易に捨て去ることはむずかしいため、過去の経験に固執してしまう傾向がある。そのような過去の成功体験に固執することが、再適応を阻害してしまう。それゆえ中途採用者は、そのような前職までの経験を上手くアンラーニングすることが、新しい環境に再適応するための課題の１つになる。

　しかし、前職での経験や知識をすべて棄却することはない。多くの中途採用者は、前職までの経験や知識を応用できる部分は応用し、応用することができない部分は捨て去るという形のアンラーニングをしている個人がほとんどであった。それが以下のインタビュイーのような発言である。

> **新しい組織に入って、それを活かしてるのか、それともゼロからA社という組織に馴染もうとしてるのかと言ったらどちらですか。**
> 　半々ですね。移ったときは、過去のやっていたことというのは活かせる部分もあるんですけど、やはり多く活かせるという経験は、あまりなかったかなと。半分ぐらい活かせるんですけど、半分はその会社の文化とかやり方とかがあるので。
>
> 　　　　　　　　　　　　　　　（中途採用２年目、技術開発、HS氏）

　HS氏は、過去の経験で活かせる部分と活かせない部分が半々であることを語ってくれた。多くの中途採用者は、HS氏のように、過去に経験や知識を活かせるところは現在にも活かし、活かせないところをアンラーニ

ングしていた。

　しかし、誰もが円滑にアンラーニングを遂行できるわけではない。以下の中途採用者は、前職での経験や知識と現在求められる知識との関係性をどのようにとらえたら良いのかという点で戸惑っていることが理解できる。

　　今、前職での経験とか信念とか、そういうものは役立っているのか、あるいはそれが逆に障害になってしまっているのか、どちらですか。

　　両方あるな、と思ってますね。良かったなというのは、前職での営業のスタイルって、当然12年もいると染みつくんですけど、こういった企業の活動パターンというかフットワークとか、そういう一連のスキームってあるじゃないですか。そこは12年いて培われたもので。それは今でも使えているなと思いますね。とは言え、新しい会社に入って、その新しい会社の先にいた方たちのスキームだとか文化だとか営業の仕方ってあるじゃないですか。そことのマッチングですよね。そこは多分違うところはまだあるんだろうなと。合わせていくところも当然、必要でしょうし、そこは若干時間がかかっているかなという気もします。

　　どういうところを合わせるのが、むずかしいんですか。

　　むずかしいんですよね、それ。たまに自問自答するときもあるんですけど。どうなのかな……。12年もいたから、自分がやってきたこと、染みついてるのがあるじゃないですか。それプラス新しい環境という対比で見てるところがあって、普通に上手く交えられれば良いんでしょうけど。どこか潜在的に拒否してるのかわからないですけどね。そこは潜在意識なのか先入観なのか固定観念なのかちょっとわからないですけど。

　　それを応用せずに、ゼロからすべて脱ぎ捨ててということはできないですか。

　　恐らくできないんだと思うんですよね。12年の中で当然良い経験もして、もちろん悪いときもあるんですけど、その経験ってやっぱり財産だと思っていて、それを活かして次の職に入るのが順当だとも思っていて。フラットにいくんであれば、新入社員を採るのと一緒ですよね。中途は多分、外部から来た人間の影響力というのも期

待をして採用されてるんだと思うので。自社の人間じゃないという
ところ。

それがもし、障害になっているなら変えなきゃいけないですよね。

そうですよね。なので、脱ぎ捨てるというよりは、部分的にちょ
っと修正していくという感じなんですかね。それは必要ですね、間
違いなくね。それが今、上手くできてない気はします。

**具体的に前の仕事の経験が障害になってるのはどういうところで
すか。**

A社のやり方が受け入れられないということでもないんです。多分、
自分の経験が染みついちゃってるところがあるんだと思うんですよ
ね。もともとあるA社の文化の良いところも悪いところもあるでし
ょうし、そこに必ずしも染まる必要はないと思っていて。業績を上げ
るというミッションを達成するのであれば、それはどういうアプロ
ーチの仕方でも良いんだと思うんですよね。それは旧式でやっても
良いでしょうし、今のA社にべったりでも良いでしょうし、その間を
とっても良いわけですよね。今、その間をとってるかな。

要するに、自分のやり方がまだ確立されてない？

そうですね。それはありますね。結構、それに時間がかかってる
と思いますね。　　　　　　　　　　（中途採用4年目、営業、ES氏）

　ES氏は、前職での経験や知識、スタイルを完全に捨て去ることに抵抗
があり、現在の仕事で求められるそれらとの結合を望んでいるが、それが
むずかしく、いまだに自分自身のスタイルを確立できていないことが理解
できる。このような状態では、良いパフォーマンスを発揮するのはむずか
しいと言えよう。

　以上のように、アンラーニングにもいくつかのタイプが存在しており、
中途採用者個人の考え方や置かれた環境、携わる仕事などによって状況は
異なるが、前職で得られた経験や知識、そこから構築された信念をどのよ
うに現職に活かすのか、棄却するのか、結合するのかは、中途採用者の重
要な組織再適応課題と言える。

4 中途意識の排除

　前述のアンラーニングは学習棄却であり、それはいったん学習したことを意識的に忘れて学び直すことを言うが、中途意識の排除は「学習したこと」と言うよりも、「中途採用者なんだから」というような思い込みや被害妄想、遠慮意識、あるいは根拠のない自信といったような中途採用者固有の「意識」を排除することである。

　このような意識は、中途採用者と既存社員とのコミュニケーションを停滞させたり、仲間意識を構築させたりするのを阻害する可能性がある。それが以下の中途採用者の発言からも理解することができる。

　　まだ中途意識が悪い意味で抜けてないところもあって、年下だろうが社会人経験が浅かろうが、プロパー[6]の社員に敬語で話したりしちゃうんで、上司から「それやめなよ」と言われたりするんです。そういった意味で敬うといったら変ですけど、まだちょっと遠慮意識みたいなことはあるかなと思ってます。

　　　　　　　　　　　　　　　　　　（中途採用4年目、SE、BK氏）

　上述の発言からも理解できるように、中途採用者には何らかの遠慮意識が存在している。そのような意識が、既存社員との距離感を縮められない要因となっていると考えられる。

　また、以下の中途採用者は、自分自身を"異物"のような存在であると認識しており、そのような意識が再適応を阻害していることが理解できる。

　　（既存社員は）「誰だ、こいつ」と思っているんだろうなと。顔とか知らないじゃないですか。プロパーだったら新人のとき、知らないときから、A社なりの研修とかを受けてきてたりしているわけじゃないですか。そこで、4月から配属されてという流れの中で、自然と受け入れられる感じになるんですけど、そこに中途でぽっと入るので、もともといる人にとっては異物だし、そこの戸惑いみたいな、拒否感というよりは戸惑い感と溶け込めなさ感みたいなものは感じました。

　　　　　　　　　　　　　　　　（中途採用19年目、技術開発、JK氏）

新しい環境に参入してきた中途採用者は、自分自身を異物であったり、よそ者としてとらえがちになる傾向がある。そのような意識が、遠慮意識や既存社員との溝を生み出し、孤独感や戸惑いにつながり、組織への再適応を阻害していることが考えられる。

そのため中途採用者は、そうした意識を排除し、既存社員を同じ目標や理念を共有する仲間としてとらえ、積極的にコミュニケーションを取り合うことが重要である。

⑤ 信頼関係の構築

中途採用者の5つめの再適応課題が、信頼関係の構築である。仕事を円滑に行うためには、社内の既存社員と信頼関係を構築することは重要であり、そのためには長い時間を要する。しかし、即戦力として採用された中途採用者は、同僚や他部署の社員との信頼関係が未構築の状態で高い成果を求められる。また、既存社員からすれば、中途採用者は外部者という意識もあり、「お手並み拝見意識」も強く、入社してすぐに信頼関係を構築することは容易ではない。そのような信頼関係を早急に構築することが中途採用者の重要な再適応課題と言える。

以下は、中途採用4年目のシステムエンジニアの発言であり、いまだ同僚から信頼感を得られていないことが理解できる。

　信頼されてないと感じることは多々あります。
　それはどういうときですか。
　お客さんと打ち合わせして、「システムをこう作り変えて欲しい」と言われたときに「わかりました」と言って、開発部門に「こう直してくれ」と言ったとき、「本当にお客さんはそう言ってるの？　本当はこうなんじゃないの？　本当に？」みたいなことはありますね。
　そういうときは、どうするんですか。
　とにかく資料にしっかり落として、10人が見たら10人が同じ読み方をするような資料を作って、「お客さんのところでOKもらったんです」と言って渡すという。しゃべらなくても良いぐらいの資料を作ったりとかですかね。（中略）結局、入社年でいったら3年なんて

まだまだ新人扱いじゃないですか。だからと言って、新人扱いに甘んじることはまったくないですけども、やっぱり人間関係といった意味では、言っていることの信憑性はまだまだ疑ってしかるべきだと思いますし、仕方ないんじゃないかなと思います。

（中途採用4年目、SE、CK氏）

　CK氏の発言からは、既存社員の中途採用者に対する見方が障壁となり、いまだに信頼関係が築けていないことが理解できる。長く当該組織に属し、仕事の知識や顧客の情報にも精通している既存社員からすると、所属歴や職歴の短い中途採用者の言葉は、簡単には受け入れられない。それが中途採用者には被信頼感の欠如ととらえられてしまう。
　では、何が中途採用者の被信頼感を生み出すのか。中途採用者が既存社員から信頼感を得るために必要な要素として、ほとんどのインタビュイーは「成果を出すこと」であると発言している。それが以下の営業に携わるBH氏の発言である。

　　なかなか成果を出せなくて、それによってまだまだ信頼関係が築けていないんじゃないかなと。そういう悩みから孤独感につながる場合もあります。
（中途採用3年目、営業、BH氏）

　BH氏は、成果が出せていないために信頼関係が築けておらず、それが孤独感につながっていることを語ってくれた。
　同様に、以下の中途採用者も信頼感を得るためには、成果を出すことが求められると語っている。

　　長くはやっているんですが、まだそんなに評価は得られていないんですけど、徐々に案件が振られてきて。そこをちゃんとプロジェクトとして、上手く回していくとそれなりの評価は得られるはずだと思ってるんです。そうしたときに、発言する権利がやっと出てくるのかなという気はします。
　　どうしたら信頼を得られると思いますか。
　　成果しかないですね。
（中途採用4年目、SE、FN氏）

以上のように、中途採用者が新しい職場で信頼感を得るためには、成果を出すことが重要であることが理解できる。

　即戦力として採用された中途採用者は、成果を出すことが求められており、それができなければ同僚からの信頼感を得ることはむずかしい。既存社員からの信頼感が得られなければ、いつまで経っても成果を出すことはできない負のスパイラルに陥ってしまう可能性が高くなる。

　中途採用者が成果を出すためには、既存社員との信頼関係が重要であるが、信頼関係を構築するためには成果が重要になるという「因果のねじれ現象」が生じている。これが中途採用者の組織再適応のむずかしいところである。

6 社内における人的ネットワークの構築

　中途採用者の6つめの再適応課題が、組織内の人的ネットワークの構築である。中途採用者のほとんどが、その再適応課題として組織内の人的ネットワークの乏しさをあげた。仕事は個人の力で達成できるものではなく、他者との協働作業を通じて遂行され、達成されるものである。そのため組織内で仕事を円滑に行うためには、多様な情報を入手したり、協力を得るための人的ネットワークは不可欠である。

　中途採用者は、そのような組織内での人的ネットワークは乏しいか、ないに等しく、早急に社内での人的ネットワークを構築することが重要な課題となる。そのことが、以下の中途採用者の発言からも理解することができる。

　　　人間関係に悩まなければ、仕事なんかいくら大変でも何とかなると。仕事のサポートとかより、技術的なサポートとかよりもやっぱりそっちですよね。中途の人は、ポテンシャルを持ってるのにパフォーマンスを出せない、発揮できない足かせになっているのは人間関係が一番大きいと思うんで。　　　　　　（中途採用4年目、SE、CK氏）

　そのような中で多く聞くことができたキーワードが"Know who"という言葉である。つまり、「この課題を解決するために必要な情報を持つ

人物は誰か」を知っているかどうかである。それは仕事を円滑に遂行し、高いパフォーマンスを発揮するための重要な情報となる。それが以下の中途採用者の発言からも理解することができる。

> 人間関係に関する情報。そういうのが入社するときにあったら、職場に馴染むのが楽にはなるんです。要するに「know who」ですよね。誰がどういう知識を持ってて、どこにアクセスしたらいいのかということを自分が知識として持ってなくても、誰に聞けば良いとかがあるとないとでは大きな違いだと思いますね。
>
> （中途採用4年目、SE、CK氏）

CK氏の発言からは、入社時に「Know who」に関する情報を持っていることが、職場に馴染むためには有益であることが理解できる。
同様のことが以下の中途採用者からも聞くことができた。

> 標準的な提案書とか標準的なお客さんはどこで、何が課題で、何が必要か、どういうメリットがあるのかという資料がいろんなところに散在してるんです。プロパー社員は、どこのサーバーにあるのか知ってるんです。それがわからないので、そういうのを探すのにかなり苦労しました。誰に聞けばいいのかわからないので。「know who」から知りたいのは「know how」なんですけど、その「know who」にいくまでのハードルが、中途にはあるかなと。中途で入ったときに、たとえば、事業部だけじゃなくて、他の部署の部長さんとか課長さんにも簡単に挨拶できれば、「ここからあとは自分で」というのがあれば、聞きやすかったかなとは思います。
>
> （中途採用10年目、営業、AO氏）

AO氏も中途採用者の「Know who」に関する知識の乏しさを指摘している。
高いパフォーマンスを発揮するためには、仕事の「Know how」を得なければならない。その仕事の「Know how」を得るためには、まずは「Know who」が必要であり、中途採用者はそこに辿り着くための社内の

人的ネットワークの構築が重要な課題となる。

　同様に、以下の中途採用者も人脈の使い方のむずかしさについて、既存社員との違いについて語ってくれた。

　　当然長くいるんでいろんな人間とのコネクション、関係があるんで人脈の使い方は上手ですよね。当然、我々よりも先に入ってる人間は、いろんな人とのコネクションがあるわけですから、何かあったときはここに聞くとか、そういうパイプがたくさんあるわけじゃないですか。経験知で知ってるのもあるじゃないですか。我々、それがないというのはありますよね。

　　そういうのはどうやって学んでいくんですか。

　　それは、もう現場でですよね。何かあったときは「これ誰に聞くの？」って聞いて。そういうふうに時間かけて覚えていく。

　　中途の方って聞きづらい質問とかもあると思うんですが。

　　内容によりますけども、確かにありますよね。たとえば、人なり、組織なり、パワーバランスがあったりだとか、考え方が違ってたりだとかは、当然いろいろあるわけじゃないですか。先にいるプロパーの営業は、いろんな経験をしてて、どこかとすごくいい関係を築いて、どこが悪いとかもよく知っていて。僕らはそういうのを知らないわけですね。

　　　　　　　　　　　　　　　　　　（中途採用４年目、営業、ES氏）

　ES氏からの発言からは、社内の人脈の乏しさのために仕事を行うむずかしさを理解することができる。ES氏は、そのような「Know who」に関する情報を現場で質問し、長い時間をかけて構築するしかないということを論じている。時間をかけずに早急なパフォーマンスが求められる中途採用者にとって、人脈の乏しさからくるそのような知識不足が、組織再適応をむずかしいものとしている。

　そのような社内の人的ネットワークの乏しさが、中途採用者のパフォーマンスにネガティブな影響をおよぼすことになる。それは以下の中途採用者の発言からも理解することができる。

　　今、パフォーマンスが発揮できていないと感じる部分が大きいで

す。営業成績が上手くいってないです。

その理由は、ご自身でどうしてだと思いますか。

1つには、人間関係がやっぱり大きいと思います。ソリューション業は、他部署とコミュニケーションしながらお客さんに対して提案をしていく必要があると思うんです。けれども、他部署の人はそういう意識はないかもしれないですけど、なかなか実績の上がっていない営業の言っていることというのは「本当にそうなのか?」と見られても、それは仕方ないと思うんですよ。自分の表現の仕方とかもなかなか伝わらない部分も大きいと思うんですけど、まず人間関係というのが蓄積されていると、わりと伝わることってあるんじゃないかなと思っていて。そこが大きいのかなとは思ってます。 (中途採用3年目、営業、BH氏)

BH氏は、自分自身の現状として成果を出せていないことを発言し、その原因として、人間関係の未構築をあげている。

中途採用者たちの発言からも理解できるように、成果を出すためには、人間関係の構築が重要である。しかし、新しい環境に参加したばかりの中途採用者の社内の人的ネットワークは乏しい。そのような状況にもかかわらず、早急に成果を出すことが求められている中途採用者は、極めて窮屈な環境に身を置いていることとなり、それがパフォーマンスにもネガティブな影響をおよぼしている。

分析の結果から、成果を出すためには、仕事に必要な情報にすぐにでもアクセスできるような社内での広い人的ネットワークを構築することが重要な再適応課題であることがわかった。

2 分析結果のまとめ 「中途ジレンマ」に悩む中途採用者

ここまで、中途採用者の組織再適応課題について質的データを分析してきた。分析の結果、中途採用者の組織再適応課題として6つが抽出されたが、それぞれを俯瞰するといくつかに抽象化することができる。「スキルや知識の習得」と「暗黙のルールの理解」は、組織に参入したばかりの新人にも同様の課題として示されており (尾形、2019)、新卒、中途

を問わず、組織に参入した際の組織社会化課題と言うことができる。

　一方で、「アンラーニング」と「中途意識の排除」は、新人時の組織参入課題とは異なる中途採用者固有の再適応課題と言える。

　また、成果を出すためには既存社員との信頼関係の構築が求められるが、既存社員と信頼関係を築くためには成果が求められるという「因果のねじれ現象」が見出された。

　さらに、仕事で高いパフォーマンスを発揮するためには、信頼関係と人的ネットワークの構築が求められるが、これらを構築するためには、長い時間が必要である。しかしながら、中途採用者は即戦力としてすぐに成果を発揮することが求められているため、そのような短期間では同僚との信頼関係も広い人的ネットワークも構築することはむずかしい。ゆっくり時間をかけて信頼関係とネットワークを構築したいが、すぐに成果を出さなければならない中途採用者が置かれた状態を「中途ジレンマ」と呼びたい。この「中途ジレンマ」が主要な中途採用者の組織再適応課題であり、これを円滑に解消することができた中途採用者は、高いパフォーマンスを発揮することができると考えられる。

　また、これらの課題を解決するための行動として、「スキルや知識の習得」「暗黙のルールの理解」に関しては「理解・習得する」、「アンラーニング」と「中途意識の排除」に関しては「排除する」、「信頼関係の構築」と「人的ネットワークの構築」に関しては「構築する」という行動が中途採用者に求められることが理解できる。それをまとめたのが、図表1‐5である。

図表1‐5　中途採用者の組織再適応課題

再適応課題		行動
①スキルや知識の習得	組織社会化課題	理解・習得
②暗黙のルールの理解		
③アンラーニング	中途固有課題	排除
④中途意識の排除		
⑤信頼関係の構築（因果のねじれ現象）	中途ジレンマ	構築
⑥人的ネットワークの構築		

考察

個人の態度変容プロセスと組織再適応

　個人の適応のプロセスを示した研究として、Lewin（1951）やSchein（1961）などの研究があげられる。ここでは個人の組織適応について、これらの先行研究の知見を応用し、中途採用者の組織再適応について考察してみたい。

　組織心理学者であり、組織社会化研究の第一人者であるScheinは、個人が組織に適応するためには、そこに相応しい振る舞いをする必要があるとし、そのような振る舞いを身につけるために、個人は今までの自分自身の振る舞いを再構成する必要があると主張している。そのような個人の態度変容をLewin（1951）の態度変容に関する心理的プロセスを援用し、3つのステージで提示した。それが図表1‐6である。

図表1‐6　個人の態度変容プロセスのステージ・モデル

第1ステージ	解凍（unfreezing）
第2ステージ	変化（changing）
第3ステージ	再凍結（refreezing）

　それぞれのステージの内容について、くわしく見ていきたい。

　第1のステージの解凍（unfreezing）で最も重要なことは、古い態度の正当性を確信させるような状況や社会的関係からターゲットとなる個人を切り離すことである。ターゲットは友人や家族、慣れ親しんだ作業グループから孤立し、慣れ親しんだすべてのコミュニケーション媒体から切り離されることになる。

　そのような解凍状況には、共通した要素が見られると言う。それが以下の4点である。

①慣れ親しんだ日常業務、情報源、社会的関係からターゲットを物理的に

切り離す。

②すべての社会的支援を衰えさせるか破壊する。

③ターゲットに屈辱を与えるような経験を与えることで、古い自己が価値のないものであると認識させる。[7] そうすることで、変化しようとする気持ちを動機づける。

④一貫して変化への消極的な姿勢には罰を与え、変化への積極的な姿勢には賞を与える。

　新しい環境への適応は、以前の関係性を打ち壊し、物理的に孤立させることからはじまる。これを中途採用者の組織再適応に当てはめるのであれば、アンラーニングに関連しているととらえられよう。

　第2ステージの変化（changing）は、新しい行動パターンの獲得である。それは、新しい賞罰制度・新しい情報・新しい経験の獲得によってもたらされる。この変化（changing）のプロセスは、基本的に2つのメカニズムのうちのどちらかによって生じる。それは、「同一視（identification）」と「内在化（internalization）」の2つである。「同一視」とは、参考となる新しい態度をとる他人と同一視したり、見習ったりすることで、新しい態度を学習することを言う。「内在化」とは、新しい態度を要求される状況に個人を置き、そこで新しい態度を習得することを言う。中途採用者は、このステージで「理解・習得」「排除」「構築」などの行動がとられ、変化していくことになる。

　そして、第3ステージの再凍結で新しく習得した態度が、ターゲットのパーソナリティと統合されていくことになる。つまり、これが適応状態の達成である。中途採用者であれば、多様な課題を克服し、同僚からの信頼も得られ、高いパフォーマンスを発揮できるようになることである。前職での知識やスキルを脱ぎ捨て（アンラーニング）、新しい知識やスキルを習得し、新しい人間関係を構築した前職時とは異なる自分自身になっていることを意味している。

　Schein（1961）のモデルは、総じて中途採用者の組織再適応プロセスについても説明は可能であるが、相違点もある。本章で提示された中途採用者の組織再適応課題を克服するための3つの行動である「理解・習得」「排除」「構築」は、プロセスではない。これらは「変化」のステージで同時

に行われるものである。

さらに、Schein（1961）は、個人の態度統合が長きに渡って生じるプロセスであるということを主張しているが、中途採用者には時間的猶予は与えられていない。つまり、短時間のうちにこれらの行動をとり、組織再適応課題を克服し、成果を出さなければならない点が中途採用者の組織再適応のむずかしさであり、Schein（1961）が示したモデルとは異なる点である（図表1‐7）。

図表1‐7　態度変容モデルと中途採用者の組織再適応モデルの比較

	課題の克服	要される時間
Lewin(1951)やSchein(1961)の態度変容モデル	プロセス	長時間
中途採用者の組織再適応モデル	同時	短時間

中途採用者の組織再適応は、短時間に多くの適応課題を克服しなければならないという点で、そのむずかしさを理解することができる。

第1章のまとめ

社内での人的ネットワークづくりこそ課題解決の糸口

　11名の中途採用者に対するインタビュー調査から得られた質的データの分析の結果、中途採用者の組織再適応課題として「スキルや知識の習得」「暗黙のルールの理解」「アンラーニング」「中途意識の排除」「信頼関係の構築」「人的ネットワークの構築」の6つが抽出された。

　また、「信頼関係構築における因果のねじれ現象」や「中途ジレンマ」といった中途採用者固有の再適応課題も見出された。

　さらに、これらの課題を解決するためには、「スキルや知識の習得」と「暗黙のルールの理解」に関しては、「理解・習得する」、「アンラーニング」と「中途意識の排除」に関しては、「排除する」、「信頼関係の構築」と「人的ネットワークの構築」に関しては、「構築する」

という行動が中途採用者に求められる。

　特に、パフォーマンスや信頼関係を構築するために、まずは社内での人的ネットワークを構築することが重要な課題になる。

脚注

1 機能的境界線とは、職能ないし技能の次元を表し、製造や販売、マーケティングといった組織の機能に関する境界線のことを言う。階層的境界線とは、地位の次元を表し、担当者から管理職者への移行などがこの階層的境界線を越えたことになる。最後に、中心性境界とは、職業ないし組織への中心への移行を表している。個人の学習量が増え、職業ないし組織の年長者たちから信頼されるようになり、責任を引き受けるにつれて、その人は部内者化、つまり、メンバーシップの次元に沿い組織の核へ向かう移動を行うことになる。通常、階層上昇の動きと中心への動きは、いくぶん関連し合う（Schein、1978、邦訳書40頁）。

2 少しでも仕事に長く取り組むという行動戦略は、休憩や昼食の時間を短くし、仕事に取り組む全体的な時間を長くする方法であり、そうすることで新しい仕事について学ぶ時間を増やすという戦略のことである。

3 これは、問題から意図的に目を逸らすことで心配や緊張を取り除く戦略であり、生理的方法と心理的方法の2つがある。生理的方法の例としては、アルコール、タバコ、鎮静剤、食事、睡眠の過剰摂取を含む心配事の低減方法であり、心理的方法は、抑圧や投射などの方法による低減方法のことを意味している。

4 本調査においては、女性の数が圧倒的に少なかった。調査にご協力いただいた企業の業種や部署の特性などにより女性の数がそもそも少なかったという点は、本章の問題点として指摘できよう。

5 インタビューデータ内の太字部分は筆者の質問を意味している。また、インタビューデータはわかりにくい箇所や話し言葉などは、その意味や内容を変えることなく修正しているものもある。

6 プロパーとは新卒採用で入社した社員のことを表している。

7 これはVan Maanen（1976）が示した個人を社会化させる方法の1つである新人の地位・価値・品位・評価を下げる経験（debasement experiences）と同様である。これは、一連の自己卑下や不名誉、屈辱や冒瀆を通じて新人を型にはめていくプロセスを言ったものであり、そのプロセスによって、新人の自己イメージを取り上げ、以前の役割を手放すことを強制し、新しい行動パターンを創造するのが目的である。いわゆる"ショック療法"である。尾形（2007a、2009）においても新人に意図的にリアリティ・ショックに遭遇させることは、新人に意識転換を図らせ、新しい環境への円滑な移行を可能にするために効果的であることが質的調査から示されている。

第2章

人的ネットワークの重要性と効果的なコミュニケーション

中途社員と既存社員の
心理的障壁を取り除くために

本章の目的

　第1章では、11名の中途採用者に対するインタビュー調査から得られた質的データを分析し、中途採用者の6つの組織再適応課題が提示された。とりわけ中途採用者の場合、パフォーマンスの発揮や信頼関係を構築するために、まずは社内での人的ネットワークを構築することが重要な課題になることが示された。

　そこで本章では、中途採用者の組織内人的ネットワーク（「ネットワーク数」と「Know who」）が、組織再適応（「主観的業績」「組織文化の理解」「情緒的コミットメント」「被信頼感」）に、どの程度重要な役割を果たすのかを日本企業3社142名の中途採用者を対象とした質問票調査から得られた量的データを分析し、検証したい。

　続いて、中途採用者の組織内人的ネットワークの構築に効果的なコミュニケーションのあり方も分析する。具体的には、職場におけるオンラインコミュニケーションと職場の活発な対面コミュニケーションのどちらが中途採用者の組織内人的ネットワークの構築と広範化に効果的かを検証したい。この点については、コロナ禍の、あるいはコロナが収束した後の日本企業における新しい働き方にとって、より重要なテーマになると考えられる。

研究課題

中途採用者が「社内の人的ネットワーク」をつくる効果の検証

　第2章では中途採用者の人的ネットワークを「ネットワーク数」と「Know who」でとらえ、これらが中途採用者の組織再適応にどの程度重要なのかを検証したい。以下がその研究課題となる。

研究課題1　中途採用者の人的ネットワーク（「ネットワーク数」と「Know who」）は、中途採用者の組織再適応にどのような影響をおよぼすのか。

1　調査について　日本企業3社に質問票調査を実施

1　調査対象と調査方法

　調査は、日本企業3社にご協力いただき、2018年9月から11月までの間に質問票調査を実施した。そこで対象とされた協力者は、①正社員採用であること、さらに、②勤続年数を9年目までの中途採用者に限定した。回答は社内のイントラネットを通じて実施、回収された。調査対象3社の詳細は次頁の図表2 - 1の通りである。

2　測定尺度

⑴組織内人的ネットワークは2つで測定

　まずは、中途採用者の組織内人的ネットワークをどのように測定したのかについてである。第2章では、組織内人的ネットワークを「人的ネットワークの数」と「Know who」の2つで測定することとした。「人的ネットワークの数」は組織内に知人は多いかどうかを測定したものである。組織内に知人が多いほうが、仕事への協力や情報を得やすくなり、中途採用者の組織再適応に有益であると推測できる。「人的ネットワークの数」は、「会社の中に仕事に関して、何でも相談できる同僚は多い」「自分が所属する部署以外にも仕事について相談できる同僚は多い」「仕事を遂行する過

図表2‐1　本章の調査対象の詳細

会社	業種	調査協力者人数	職種	平均勤続年数
A社	IT	54名 （女性21名、男性33名）	営業・営業企画・マーケティング＝13名、設計・開発・製造製作・デザイン・エンジニア＝10名、経営企画・事業企画等＝5名、経理・財務＝2名、研究・コンサルタント＝5名、カスタマーサポート等＝11名、人事・総務・広報＝2名、その他＝6名	1.61年
B社	IT	15名 （女性2名、男性13名）	研究・コンサルタント＝1名、カスタマーサポート等＝1名、人事・総務・広報＝1名、その他＝12名	3.07年
C社	不動産	73名 （女性2名、男性71名）	営業・営業企画・マーケティング＝71名、その他＝2名	3.53年
合計		142名 （女性25名、男性117名）	営業・営業企画・マーケティング＝84名、設計・開発・製造製作・デザイン・エンジニア＝10名、経営企画・事業企画等＝5名、経理・財務＝2名、研究・コンサルタント＝6名、カスタマーサポート等＝12名、人事・総務・広報＝3名、その他＝20名	2.74年

程で、相談相手に困ることはない」の3問で測定している。

「Know who」は、「誰が、どのような知識やスキル、影響力を持っているかを知っていること」ととらえている。これは仕事の遂行だけではなく、組織内で人的ネットワークを構築するために重要な要因となる。第2章では、「Know who」を「仕事で困ったとき、それを解決するために誰に聞けば良いかを把握している」「自分の仕事に最も影響をおよぼす人物が誰かを把握している」「会社の中で、誰に、どのような知識があるかを把握している」の3問で測定している。

これらの質問を「ほとんど当てはまらない」の1から「非常に当てはまる」の5までの5点尺度で測定している。

これらの質問項目で因子分析を行なった（主因子法・プロマックス回転）。その結果が図表2‐2である。分析の結果、2つの因子に分かれた。第1因子は「会社の中に仕事に関して、何でも相談できる同僚は多い」「自分が所属する部署以外にも仕事について相談できる同僚は多い」「仕事を遂行する過程で、相談相手に困ることはない」の3問がまとまったため「ネットワーク数」（α =.733）とする。

図表2‐2　組織内人的ネットワークに関する因子分析結果

	因子		共通性
	1	2	
会社の中に仕事に関して、何でも相談できる同僚は多い	.811	−.086	.580
自分が所属する部署以外にも仕事について相談できる同僚は多い	.717	−.108	.430
仕事を遂行する過程で、相談相手に困ることはない	.529	.269	.551
仕事で困ったとき、それを解決するために誰に聞けば良いかを把握している	.084	.591	.417
自分の仕事に最も影響をおよぼす人物が誰かを把握している	−.182	.551	.213
会社の中で、誰に、どのような知識があるかを把握している	.111	.455	.282
回転後の負荷量平方和	1.860	1.156	
因子間相関	1	2	
第1因子	1.000		
第2因子	.616	1.000	

因子抽出法：主因子法のプロマックス回転
3回の反復で回転が収束

　第2因子は「仕事で困ったとき、それを解決するために誰に聞けば良いかを把握している」「自分の仕事に最も影響をおよぼす人物が誰かを把握している」「会社の中で、誰に、どのような知識があるかを把握している」の3問がまとまったため「Know who」（a＝.535）とする。

　2つの合成尺度とも天井効果（平均値＋標準偏差＞5）とフロア効果（平均値＋標準偏差＜1）は確認されなかった。

　以上の分析結果から、中途採用者の組織内人的ネットワークは、「ネットワーク数」と「Know who」の2変数を用いることとした。

⑵組織再適応は4つで測定

　次に、人的ネットワークが影響をおよぼす成果変数としての組織再適応

についてである。中途採用者の組織再適応は、4つの下位次元で構成した。それらは、「主観的業績」「組織文化の理解」「情緒的コミットメント」「被信頼感」の4つである。

「主観的業績」は、「現在の仕事に関する知識は豊富だ」「自分の仕事を上手くこなしていくうえで必要なスキルや能力を十分に身につけている」「自分は期待されている以上の成果を出している」「会社に貢献できるパフォーマンスを発揮している」の4問で測定している。

「組織文化の理解」は、「誰に力があるか、どうしたら会社の中で有利なポジションにいられるのかといった「社内政治」について、よくわかっている」「会社内で誰と誰は仲が良く、誰と誰は仲が悪いといった人間関係をよく把握している」「職場内の暗黙のルールについて、よく理解している」「部門同士の関係といった、会社の組織構造はよく把握している」の4問で測定している。

「情緒的コミットメント」は、「この会社の社員であることを誇りに思う」「会社に愛着を持っている」の2問で測定している。

「被信頼感」は、「上司や同僚から期待されていると感じる」「上司や同僚から必要とされていると感じる」の2問で測定されている。

　これらの質問を「ほとんど当てはまらない」の1から「非常に当てはまる」の5までの5点尺度で測定している。

　これらの質問項目で因子分析を行なった（主因子法・プロマックス回転）結果が図表2-3である。分析の結果は、4つの因子に分かれた。第1因子は、「現在の仕事に関する知識は豊富だ」「自分の仕事を上手くこなしていくうえで必要なスキルや能力を十分に身につけている」「自分は期待されている以上の成果を出している」「会社に貢献できるパフォーマンスを発揮している」の4問がまとまったため「主観的業績」（$a=.837$）とする。

　第2因子は、「誰に力があるか、どうしたら会社の中で有利なポジションにいられるのかといった「社内政治」について、よくわかっている」「会社内で誰と誰は仲が良く、誰と誰は仲が悪いといった人間関係をよく把握している」「職場内の暗黙のルールについて、よく理解している」「部門同士の関係といった、会社の組織構造はよく把握している」の4問がまとまったため「組織文化の理解」（$a=.724$）とした。

　第3因子は、「この会社の社員であることを誇りに思う」「会社に愛着を

図表2‐3　中途採用者の組織再適応に関する因子分析結果

	因子				共通性
	1	2	3	4	
現在の仕事に関する知識は豊富だ	**.865**	.119	.046	−.260	.633
自分の仕事を上手くこなしていくうえで必要なスキルや能力を十分に身につけている	**.767**	−.046	−.038	−.005	.564
自分は期待されている以上の成果を出している	**.693**	−.054	−.102	.157	.567
私は、会社に貢献できるパフォーマンスを発揮している	**.647**	−.084	.063	.251	.650
誰に力があるか、どうしたら会社の中で有利なポジションにいられるのかといった「社内政治」について、よくわかっている	−.003	**.856**	−.066	−.030	.697
会社内で誰と誰は仲が良く、誰と誰は仲が悪いといった人間関係をよく把握している	−.069	**.644**	−.082	.048	.398
職場内の暗黙のルールについて、よく理解している	−.004	**.499**	.102	.010	.287
部門同士の関係といった、会社の組織構造はよく把握している	.111	**.455**	.138	.149	.397
この会社の社員であることを誇りに思う	−.070	−.054	**.923**	.041	.851
会社に愛着を持っている	.030	.041	**.869**	−.039	.749
上司や同僚から期待されていると感じる	−.054	.056	−.023	**.917**	.805
上司や同僚から必要とされていると感じる	.048	.008	.034	**.857**	.814
回転後の負荷量平方和	2.882	2.034	2.351	3.028	
因子間相関	1	2	3	4	
第1因子	1.000				
第2因子	.210	1.000			
第3因子	.184	.239	1.000		
第4因子	.505	.303	.523	1.000	

因子抽出法：主因子法のプロマックス回転
4回の反復で回転が収束

持っている」の２問がまとまったため「情緒的コミットメント」（a=.882）
とした。

　第４因子は、「上司や同僚から期待されていると感じる」と「上司や同
僚から必要とされていると感じる」の２問がまとまったため「被信頼感」
（a=.895）とした。

　４つの合成尺度とも天井効果（平均値＋標準偏差＞５）とフロア効果（平
均値＋標準偏差＜１）は確認されなかった。

　以上の分析結果から、成果変数の組織再適応は、「主観的業績」と「組
織文化の理解」「情緒的コミットメント」「被信頼感」の４変数を用いるこ
ととした。

　以上の因子分析の結果作成された変数の平均値、標準偏差、相関関係が、
本章最後の補表に示されている。

2　人的ネットワークが組織再適応におよぼす影響は大きい

　はじめに、中途採用者の組織内における人的ネットワーク（「ネットワー
ク数」と「Know who」）が、組織再適応に有意義かどうかを分析する。分
析は重回帰分析で、独立変数が「ネットワーク数」と「Know who」の
２変数で、従属変数が組織再適応の「主観的業績」「組織文化の理解」「情
緒的コミットメント」「被信頼感」の４変数となる。統制変数は、性別と
勤続年数を用いた。性別は女性が「０」、男性が「１」のダミー変数を用い、
勤続年数は連続変数を用いている。図表２-４が分析結果となる。

　分析の結果、「ネットワーク数」は、「主観的業績」（β=.180, p <.05）と
「組織文化の理解」（β=.153, p <.05）、「情緒的コミットメント」（β=.311,
p <.001）、「被信頼感」（β=.177, p <.05）のすべてに有意な正の影響をおよ
ぼしていた。

「Know who」に関しては、「組織文化の理解」（β=.421, p <.001）と「被
信頼感」（β=.262, p <.01）に有意な正の影響をおよぼしており、「情緒的
コミットメント」も正の有意傾向（β=.153, p <.10）を示していた。

　以上の分析結果から、組織内人的ネットワークが中途採用者の組織再適
応に重要な役割を果たしていることが理解できる。そのゆえ組織は、中途

図表2‐4　中途採用者の組織再適応に影響をおよぼす 組織内人的ネットワークの重回帰分析結果

		主観的業績	組織文化の理解	情緒的コミットメント	被信頼感
性別ダミー		-.085	-.065	.079	.109
勤続年数		.154†	.281***	.142†	.113
人的ネットワーク	ネットワーク数	.180*	.153*	.311***	.177*
	Know who	.120	.421***	.153†	.262**
F値		4.002**	19.366***	9.026***	7.985***
R^2		.097	.342	.195	.177
調整済みR^2		.073	.324	.173	.154

†$p <.10$,　*$p <.05$, **$p <.01$, ***$p <.001$
VIFはすべて問題なし

採用者の人的ネットワークの構築を支援することで、組織再適応を促進することが可能になる。

図表2‐5　中途採用者の組織内人的ネットワークが 組織再適応におよぼす影響のまとめ

人的ネットワーク	主観的業績	組織文化の理解	情緒的コミットメント	被信頼感
ネットワークの数	○	○	○	○
Know who	n.s.	○	△	○

○＝有意、△＝有意傾向、　n.s.＝非有意

コミュニケーションに関する分析

人的ネットワーク構築に効果的な コミュニケーションのとり方

　ここまでの分析の結果、中途採用者の人的ネットワークが、中途採用者

の組織再適応に重要な役割を果たしていることが検証された。

　では、そのような中途採用者の組織内人的ネットワークの構築に効果的なコミュニケーションのあり方とはどのようなものであろうか。尾形（2020）では、新しい職場に上手く適応するためには、新しく入った個人を取り巻く環境が重要であり、職場のコミュニケーション風土の重要性が指摘されている。職場のコミュニケーションが活発であれば、職場内の同僚とのコミュニケーションによって、組織内での人的ネットワークを構築・広範化することができる。ここでは、中途採用者の組織内での人的ネットワーク形成に影響をおよぼすコミュニケーション[2]のあり方についても検討したい。初めに、職場のコミュニケーションのあり方について、①**コミュニケーションの形態（対面と非対面）**②**コミュニケーションのツール（会話と文書）**の２つの点について、先行研究から見てみることにしたい。

---

1 コミュニケーションの先行研究
労働時間の約70%がコミュニケーション

■1 コミュニケーションの形態

　Robbins（2005）によると、労働者は労働時間の約70%をコミュニケーションに費やしていると言う。Robbins（2005）は、集団がうまく機能するのを妨げる最大の要因として、効果的なコミュニケーションの欠如をあげている。それほど職場における対面のコミュニケーションは重要な意味を持つ。対面コミュニケーションの最大の意義は、双方向の自由な意見交換にあり（石黒, 2020）、最小限の時間で伝達される迅速さと即座にフィードバックが得られる点に大きなメリットがある（Robbins , 2005）。そのため仕事の質を高め、維持するためには対面による双方向の自由な意見交換の場が欠かせない。

　一方、横井・佐藤（2019）は、非対面によるオンラインでのコミュニケーションは、課題発見・解決型となり話題が焦点化されるメリットをあげる一方で、議題が決まっていないと議論が進みにくい点や議論を放逸させずにスムーズに進めようとし、多くの発言を抑制してしまう側面があると指摘している。つまり、非対面でのコミュニケーションは、双方向の自由な意見交換を阻害する点と相手に伝わる感情が少なくなる点が問題点とし

てあげられる。それは情報の濾過機能（Culnan and Markus, 1987）と呼ばれ、対面しないことにより非言語情報の伝達度合いが損なわれやすくなる現象を言う。非対面コミュニケーションは、対面コミュニケーションよりも記憶や感情、思考などの情報伝達が欠落しやすくなることを示している。

特に重要な点は、非対面によるコミュニケーションは、非言語コミュニケーションを欠落させてしまう点である。Robbins, DeCenzo, and Coulter（2013）は、相手に最も意味を伝えるコミュニケーション要素は、非言語コミュニケーションであると主張している。非言語コミュニケーションとは、身体動作、言葉の抑揚や強調、顔の表情、送り手と受け手の間の物理的距離を含むものと定義され（Robbins , 2005）、1対1の対話の65%から90%がこのような非言語的メッセージによって解釈されることが示されている（Robbins , 2005）。

対面によるコミュニケーションは、必ず非言語的メッセージがともなうため、より相手の意図や感情を含む情報の正確性をとらえることが可能になる。新しい環境に適応することを求められる新人や中途採用者には、表層的な内容だけではなく、その背後にある理由や感情なども含めた情報は有意義になる。

オンラインコミュニケーションの課題は、個人間の交流の欠如である。コミュニケーションがバーチャルな環境で行われると、お互いに理解し合い、協力して仕事を成し遂げることがむずかしくなる（Robbins et al. 2013）。そのため直接、顔を合わせて協力する機会を増やすよう従業員に促す企業もある。石黒（2020）も、オンラインでのコミュニケーションは、血の通った人間同士が関わって生きているという感覚が失われ、人間疎外を生み出してしまう可能性があることを指摘している。

❷ コミュニケーションのツール

次にコミュニケーションのツールとして、会話と文書に着目して見ていきたい。先述したように、相手に最も意味を伝えるコミュニケーション要素は、非言語コミュニケーションであり、文書によるコミュニケーションは、発言内容のインパクトや内容を把握しがたい。というのも、そこには言葉に付与された強調や顔の表情、物理的な距離などの非言語コミュニケーションが記録されていないからである。

Robbins（2005）やRobbins et al.（2013）によると、文書によるコミュニケーションは、一度に多くの人に情報を提供することができる点、目に見え、証拠が残り、長く保存できる点がメリットとしてあげられ、複雑なコミュニケーションや長期にわたる場合には重要なやり方となる。一方で、欠点としてあげられるのが、フィードバックの欠如である。口頭によるコミュニケーションでは、尋ねたことへの反応が即座に戻ってくるが、文書によるコミュニケーションでは、コミュニケーション自体にフィードバック機能が組み込まれていないため、コミュニケーションが成立するまでに多くの時間を要することになる。

　このような文書によるコミュニケーションツールとして、インスタントメッセージをあげることができる。インスタントメッセージとは、リアルタイムでメッセージのやり取りを行う電子メールのことを言い、チャットやLINEなどが該当する。Robbins（2005）によると、このようなインスタントメッセージは、同僚とやり取りを行うための迅速かつ低コストの手段になるというメリットがある一方で、煩わしさや業務に集中することがむずかしくなるなど、集中力を阻害するというデメリットもあげられている。

　また、チャット形式のような打ち言葉は、トラブルを引き起こすことが多い（石黒, 2020）。その理由の1つめは、短く、断片的な情報しか書かれていないので、必要な情報が相手に伝わらず、誤解が生じてしまう点である。もう1つは、相手に対する思いやりが失われ、相手を不快にさせてしまうことの2点である。石黒（2020）は、相手に対する情報面の配慮と感情面の配慮に欠けがちで、信頼関係を損ねやすいのが、打ち言葉的な文書コミュニケーションの落とし穴と指摘する。

　さらに、コミュニケーションは、その背景によって意味合いが変わる場合も多く、その把握が会話と文書では大きく異なる。対面による会話的コミュニケーションでは、場所や時間などの状況が話し手と聞き手に共有されるが、文字は書かれたときの状況を離れて読まれるので、それを前提とした表現を考えることが求められる（辻他, 2014）。

　高コンテクスト文化の日本では、この背景の共有が重要な意味を持つため、文字によるコミュニケーションは解釈がむずかしく、誤解を生む可能性が高くなる。横井・佐藤（2019）は、言語教育では、その言葉を使用する際の状況の把握・理解が不可欠であり、メンバー全員の様子が見てとれ

ることが必要であると論じている。そして、発言の背後のさまざまな状況を把握しやすいコミュニケーションのあり方は、対面によるコミュニケーションであると主張している。

　以上の内容をまとめると図表2‐6になる。

図表2‐6　コミュニケーションのタイポロジー

	文書	会話
対面	筆談	対面による会話
非対面	メール、SNS チャット	画面を介した 会話

　中途採用者にとって、困ったときにすぐに誰かに助けを求められるインスタントメッセージの迅速性は、組織再適応に有益であると考えられる一方、デメリットも併存しており、中途採用者の組織再適応にどの程度、有意義であるかはまだまだ明確に理解できていない。今後は、このようなオンラインでのコミュニケーションが増えることが予想されるため、ここからは、中途採用者の組織内人的ネットワークの構築に有意義なコミュニケーションのあり方について分析したい。

研究課題2　中途採用者の組織内人的ネットワークの構築に影響をおよぼすコミュニケーションのあり方はどのようなものか。

2 調査対象と測定尺度
「オンラインコミュニケーションシステム」導入の3社が対象

1 調査対象の適切性に関する説明

　調査対象は、先の組織内人的ネットワークの効果に関するものと同様であるが、本分析にこの3社が適していることを説明したい。なぜ、この3社が本分析の対象として相応しいかと言うと、この3社がチャット式のオ

ンラインコミュニケーションシステムを導入しているからである。

　このようなコミュニケーションシステムが、中途採用者の組織内人的ネットワークの構築に有意義な役割を果たすことは十分に考えられる。むしろ中途採用者にこそ、このようなコミュニケーションのほうが有効かもしれない。一方で、やはり人間と人間のつながりを構築するのは、対面でのコミュニケーションが重要であるという可能性も十分に考えられる。

　それゆえ、ここからは中途採用者の組織内人的ネットワークの構築に効果的なコミュニケーションが、オンラインによるコミュニケーションなのか、対面でのコミュニケーションなのか、その点を分析することにしたい。

❷ 測定尺度

　オンラインコミュニケーションの効果は、「仕事への効果」と「コミュニケーションへの効果」の2つの効果を想定し、「オンラインコミュニケーションは、仕事の成果に重要な役割を果たしている」「オンラインコミュニケーションは、仕事の情報収集に非常に有益である」「オンラインコミュニケーションは、それほど親しくない人とでも情報交換がしやすい」「オンラインコミュニケーションは、質問がしやすい」の4問で測定している。

　また、本章では、オンラインコミュニケーション以外のコミュニケーションとして、対面コミュニケーションに関する変数も求められる。そこで用いた変数が、「職場における活発な対面コミュニケーション」である。職場内で活発な対面コミュニケーションが展開されれば、それが中途採用者の組織内人的ネットワークの構築につながると考えられる。職場における活発な対面コミュニケーションは、「私の職場では、仕事上で気づいたことは率直に指摘し合っている」「私の職場では、遠慮や気がねなく率直な話し合いを行なっている」「私の職場では、お互いに仕事に必要な情報を対面で知らせ合っている」の3問で測定している。これらの質問を「ほとんど当てはまらない」の1から「非常に当てはまる」の5までの5点尺度で測定している。

　これらの質問項目で因子分析を行なった（主因子法・プロマックス回転）。その結果が図表2‐7である。分析の結果、3つの因子に分かれた。第1因子は「私の職場では、仕事上で気づいたことは率直に指摘し合っている」

図表2-7　コミュニケーションに関する因子分析結果

	因子 1	因子 2	因子 3	共通性
私の職場では、仕事上で気づいたことは率直に指摘し合っている	**.767**	-.052	.024	.581
私の職場では、遠慮や気がねなく率直な話し合いを行なっている	**.677**	-.034	-.005	.450
私の職場では、お互いに仕事に必要な情報を対面で知らせ合っている	**.668**	.090	-.023	.471
オンラインコミュニケーションは、仕事の情報収集に非常に有益である	.015	**.802**	.043	.678
オンラインコミュニケーションは、仕事の成果に重要な役割を果たしている	-.017	**.630**	-.051	.370
オンラインコミュニケーションは、それほど親しくない人とでも情報交換がしやすい	-.007	.028	**.724**	.541
オンラインコミュニケーションは、質問がしやすい	.003	-.042	**.659**	.413
回転後の負荷量平方和	1.542	1.257	1.161	

因子間相関	1	2	3
第1因子	1.000		
第2因子	.178	1.000	
第3因子	.133	.412	1.000

因子抽出法：主因子法のプロマックス回転
4回の反復で回転が収束

「私の職場では、遠慮や気がねなく率直な話し合いを行なっている」「私の職場では、お互いに仕事に必要な情報を対面で知らせ合っている」がまとまったため「職場における活発な対面コミュニケーション」（ a =.744）とする。第2因子は、「オンラインコミュニケーションは、仕事の情報収集に非常に有益である」と「オンラインコミュニケーションは、仕事の成果に重要な役割を果たしている」がまとまったため「オンラインコミュニケーションの仕事サポート」（ a =.665）とする。第3因子は「オンラインコ

ミュニケーションは、それほど親しくない人とでも情報交換がしやすい」と「オンラインコミュニケーションは、質問がしやすい」がまとまったため「オンラインコミュニケーションのコミュニケーションサポート」（a =.638）とした。いずれも天井効果とフロア効果は確認されなかった。

❸ 人的ネットワークづくりに有効なコミュニケーションのあり方

本章では、中途採用者の組織内人的ネットワークの構築（「ネットワーク数」と「Know who」）を成果変数として、それらに有効なコミュニケーションのあり方について、分析することとした。

(1)中途採用者の「ネットワーク数」に影響をおよぼすコミュニケーション

はじめに、中途採用者の「ネットワーク数」に影響をおよぼすコミュニケーションに関する分析である。それが図表2 - 8である。

図表2 - 8　中途採用者の「ネットワーク数」に影響をおよぼす
コミュニケーションの分析結果

	ネットワーク数			
	モデル1	モデル2	モデル3	モデル4
性別ダミー	-.112	-.108	-.141	-.142
勤続年数	.084	.083	.102	.102
OCの仕事サポート		.045	-.007	-.009
OCのコミュニケーションサポート		.011	-.015	-.016
職場における活発な 対面コミュニケーション			.448***	.448***
交互作用　OCの仕事サポート× OCのコミュニケーション サポート				-.015
F値	1.258	.713	8.097***	6.710***
R^2	.016	.019	.215	.215
調整済みR^2	.003	-.008	.188	.183

※OC＝オンラインコミュニケーション　　　　　　　　　p <.05, $^{**}p$ <.01, $^{***}p$ <.001
VIFはすべて問題なし

中途採用者の「ネットワーク数」に影響をおよぼすコミュニケーションについては交互作用項を含めたモデル4が分析結果となる。その結果、中途採用者の「ネットワーク数」に有効なコミュニケーションは、「職場における活発な対面コミュニケーション」（β=.448, p<.001）のみであった。非対面による「OCの仕事サポート」と「OCのコミュニケーションサポート」は主効果においても両者の交互作用項においても有意とはならなかった。

⑵中途採用者の「Know who」に影響をおよぼすコミュニケーション

次に中途採用者の「Know who」に影響をおよぼすコミュニケーションに関する分析である。それが図表2-9である。

**図表2-9 中途採用者の「know who」に影響をおよぼす
コミュニケーションの分析結果**

	Know who			
	モデル1	モデル2	モデル3	モデル4
性別ダミー	.131	.144[†]	.114	.114
勤続年数	.026	.026	.044	.044
OCの仕事サポート		.132	.084	.085
OCのコミュニケーションサポート		.063	.039	.039
職場における活発な 対面コミュニケーション			.410***	.410***
交互作用 OCの仕事サポート× OCのコミュニケーション サポート				.004
F値	1.459	1.739	7.808***	6.463***
R^2	.019	.045	.209	.209
調整済みR^2	.006	.019	.182	.176

※OC＝オンラインコミュニケーション

*p<.05, **p<.01, ***p<.001
VIFはすべて問題なし

分析の結果、中途採用者の「Know who」に影響をおよぼすコミュニケーションも、「ネットワーク数」と同様に「職場における活発な対面コミュニケーション」（β =.410, p <.001）のみであり、非対面の「OCの仕事サポート」と「OCのコミュニケーションサポート」の主効果、両者の交互作用項のすべてが中途採用者の「Know who」に影響をおよぼしていなかった。

分析のまとめ

中途採用者の組織内人的ネットワークの構築に効果的な「対面コミュニケーション」

　本章の主な分析結果は、次の3つである。

(1)中途採用者の組織内人的ネットワーク（「ネットワーク数」と「Know who」）が中途採用者の組織再適応に重要な役割を果たすことが検証された。

(2)中途採用者の組織内人的ネットワークの構築に有意義なコミュニケーションは、職場内の活発な対面コミュニケーションである。中途採用者を円滑に組織に再適応させるためには、職場でのコミュニケーションを活発にし、対面でのコミュニケーションを促進することが求められる。

(3)非対面のオンラインコミュニケーションは、中途採用者の組織内人的ネットワークの構築に有意な影響をおよぼさなかった。

考察

職場内で行き交う情報の質も重要

　本章の分析の結果、中途採用者の組織内人的ネットワークの構築に有効なコミュニケーションは、職場での活発な対面コミュニケーションであるということがわかった。

　第1章でも論じたように、中途採用者は入社後、既存社員からの「お手並み拝見意識」を感受し、既存社員との間に心理的障壁や心理的溝を覚え、既存社員と積極的にコミュニケーションをとることがむずかしい。それが社内の人的ネットワークの構築を阻害していると考えられる。そのような課題をオンラインコミュニケーションが克服してくれると予想していたが、非対面によるオンラインコミュニケーションの効果は乏しく、職場全体で積極的にコミュニケーションをとり合える対面コミュニケーションが、中途採用者の組織内人的ネットワークの構築に効果的であるということが示された。

　中途採用者が上手く職場に馴染まないという課題を抱えている企業や職場の管理者は、人事部門による研修やサポート施策に頼るだけではなく、中途採用者に孤独感や心理的障壁を感じさせないように職場内のコミュニケーションを活性化させることが重要である。職場内での対面コミュニケーションから良質な関係性が構築され、そこでできた関係性を媒介し、部署外へとネットワークが広がっていくことが考えられる。

　しかし、職場の対面コミュニケーションを活発にすれば良いというわけではない。尾形（2020）では、職場のコミュニケーション風土が高くても、そこで行き交う情報の信頼性が乏しければ、若年ホワイトカラーの離職意思を促進してしまうことが示唆されている。

　職場のコミュニケーションを活発にすることと同時に、そこで行き交う情報の質にもしっかりと目を向けることが重要である。中途採用者であれば、すでに社会人としての経験もあり、職場で行き交う情報が良質なものか悪質なものかは、比較的容易に判断しやすいであろう。中途採用者の職場再適応を促進するためには、若年ホワイトカラー以上に情報の質にも十分に配慮し、職場におけるメンバー同士の対面コミュニケーションを活性化することが求められる。

　オンラインコミュニケーションは、中途採用者の「ネットワーク数」と「Know who」に何ら影響をおよぼしていなかった。オンラインでのコミュニケーションは、血の通った人間同士が関わって生きているという感覚が失われ、人間疎外を生み出してしまう可能性がある（石黒, 2020）。中途採用者は、ただでさえ新しい環境で既存社員の「お手並み拝見意識」を感受しており、既存社員との間に溝や壁を感じている者が多い。オンライン

73

コミュニケーションは、そのような中途採用者にさらなる疎外感を上乗せしている可能性も否定できない。

しかしながら、オンラインコミュニケーションは、中途採用者の組織内人的ネットワークの構築に影響をおよぼしていないことが示されただけであり、中途採用者の組織再適応に無意味であるということを論じたいわけではない。中途採用者を受け入れることとなった職場の管理者は、職場内における活発なコミュニケーションが行われる環境を意識した職場をデザインすることが重要であり、補足的にオンラインコミュニケーションを用いることは、決してネガティブなものではないだろう。

山口（2006）もITを用いたコミュニケーションは、どのように利用するかによって期待するような効果をもたらすか否かが決まることを指摘している。オンラインコミュニケーションを中途採用者の組織再適応促進のツールとして利用するためには、まずはオンラインコミュニケーションが、どのような効果を発揮するのかを理解することが求められるであろう。本章はそこまでの分析はできていないが、それを理解することは、コロナ禍の、あるいはコロナが収束した後の日本企業における新しい働き方にとって、より重要なテーマになると考えられる。

第2章のまとめ

社員のコミュニケーションを促す「職場環境のデザイン」が重要

本章の分析で明確になった点は、以下の2点である。

①中途採用者の組織再適応に、組織内での人的ネットワークが重要な役割を果たす。

②中途採用者の組織内人的ネットワークの構築に有効なコミュニケーションのあり方は、職場における対面コミュニケーションである。

この2つが本章の分析結果である。コロナ禍で、テレワークやオンラインミーティングが多くなった。もちろん、そのようなオンラ

インでのコミュニケーションが有益な場合もあれば、対面でのコミュニケーションが不可欠な場合もある。両者のメリット・デメリットを正確に理解し、目的に応じて使い分けるべきである。

　中途採用者の人的ネットワークの構築に限って言えば、職場内で活発な対面コミュニケーションが重要であるということがわかった。中途採用者が配属された職場では、全員でコミュニケーションがとれる職場環境をデザインすることが重要である。

脚注 ┄┄┄

1　一般的に信頼性係数は0.7を切ると低いと解釈されるが、この基準は絶対的なきまりではない（浦上・脇田, 2008）。また、探索的研究では許容範囲とされる0.6という基準（Hair et al. 1998）や社会科学の領域では、0.5を用いている研究（平野, 2006; 守島, 1999; 森永他, 2012）もあるため0.5を満たす尺度も用いることとした。以降の分析も同様とする。

2　ここで言うコミュニケーションの定義は、①人と人との間（関係）で、②意図をもってなされる、③情報伝達の営み・過程という辻他（2014）の定義にしたがうこととする。

補表　分析に用いられた変数の平均値、標準偏差、相関

変数	平均値	標準偏差	性別	勤続年数	OCの仕事サポート	OCのコミュサポート	職場における活発な対面コミュニケーション	ネットワーク数	Know who	主観的業績	相関的組織文化の理解	AC
性別	.792	.407										
勤続年数	2.760	2.058	.166*									
OCの仕事サポート	3.838	.951	-.079	.003								
OCのコミュサポート	3.244	1.034	-.050	-.038	.266**							
職場における活発な対面コミュニケーション	3.563	.770	.056	-.032	.125	.088						
ネットワーク数	3.286	.906	-.098	.065	.057	.025	.435**					
Know who	3.831	.665	.135	.048	.137	.090	.429**	.410**				
主観的業績	2.888	.815	-.061	.157	.146	-.030	.037	.248*	.190*			
文化的社会化	3.372	.767	.024	.300**	.026	-.058	.298**	.350**	.488**	.194*		
AC	3.555	1.089	.092	.182*	.132	-.035	.475**	.375**	.297**	.147	.232**	
被信頼感	3.192	1.005	.146	.155	.151	-.037	.368**	.282**	.355**	.461**	.335**	.464**

※OC＝オンラインコミュニケーション
※AC＝情緒的コミットメント

*. 相関係数は 5% 水準で有意 (両側)
**. 相関係数は 1% 水準で有意 (両側)

76

第3章

組織内人的
ネットワークの
つくり方、広げ方

ネットワークは
コミュニケーションだけで
広がるわけではない

本章の目的

　第2章では、日本企業3社の中途採用者142名に対する量的データを分析した結果、中途採用者の組織再適応に組織内での人的ネットワークが重要な役割を果たすことと、そのような中途採用者の組織内での人的ネットワークの構築に有益なコミュニケーションのあり方は，職場における対面コミュニケーションであることが検証された。

　本章では、中途採用者の組織内人的ネットワークの構築・広範化を促進するコミュニケーション以外の要因について分析していきたい。我々の日常生活において、人的なネットワークを広範化させる要因としては、他者や「場」の存在があげられよう。しかしながら、中途採用者という特定の存在が、企業組織内という特定の環境において、人的ネットワークを構築・広範化させるためには、組織要因や職務要因など、一般的な人的ネットワークの構築・広範化とは異なる要因の存在が考えられる。

　そこで本章では、中途採用者の組織再適応に重要な役割を果たす組織内人的ネットワークの構築・広範化に役割を果たす要因を、A社の中途採用者11名に対するインタビュー調査から得られた質的データを分析し、明らかにしたい。

研究課題

中途採用者の組織内人的ネットワークの
構築・広範化を促進する要因

　本章の目的は、コミュニケーション以外で中途採用者の組織内人的ネットワークの構築・広範化を促進する要因は何かを理解することである。

　本章では、ネットワーク分析のようなある特定の個人のネットワークを分析したり、ある集団のネットワーク構造を把握することを目的とするのではなく、中途採用者の組織内人的ネットワークを構築・広範化する要因を見出すことである。ここでの研究課題は、以下となる。

研究課題　中途採用者の組織内人的ネットワークの構築・広範化を促進する要因は何か。

分析方法

A社の中途採用者のインタビューデータを分析

　本章の調査は、第1章と同様にA社の中途採用者11名（すべて男性）に対するインタビュー調査から得られた質的データを分析する。具体的な調査対象や調査方法については、第1章と同様のため、詳細は割愛したい。

分析結果

組織内人的ネットワークを構築・
広範化する要因は4つ

　ここから中途採用者11名のインタビュー調査から得られたデータを用

いて、中途採用者の組織内人的ネットワークを構築・広範化する要因の分析を行なっていく。

1　個人的働きかけ　自ら出向くプロアクティブ行動

　中途採用者の組織内人的ネットワーク構築・広範化を促進する1つめの要因が、中途採用者自身の個人的働きかけであり、具体的には、プロアクティブ行動と呼ばれるものである。プロアクティブ行動とは、「個人が自分自身や環境に影響をおよぼすような先見的な行動であり、未来志向で変革志向の行動」を言う（Grant and Ashford、2008）。ここでは、自ら積極的に人的ネットワークを広げようとする行動（ネットワーキング行動）と、とらえることができる。

　以下の中途採用者は、自らネットワークを広げるために他のフロアの同僚に積極的にコミュニケーションをとりに行っていることが理解できる。

　　歩いて10分ぐらいかかる研究所に内線じゃなくて、あえて会いに行くとか、向こうの上司にもあえて1回挨拶に行って、「今度、何々さんと一緒にプロジェクトやらせていただくんで、よろしくお願いします」とあえてやるとか。あえて会いに行くというふうにして、ちょっとずつここまで来たかなという感じです。だから、直接話す。上のフロアにも内線じゃなくて、あえて会いに行くことは意識してやっています。
　　そういう社内での人とのつながりが仕事上、非常に大事ということですか。
　　とても大事ですね。逆にそれがすべてと言っても過言ではないぐらいと思って。やっぱり日程調整でも、みんな忙しいんですよ。でも、3人の予定をここ1点に合わせるって至難の業で、そういったときに日ごろからコミュニケーションをとっていれば、「ここがそろそろ忙しくなるよ」と事前に教えてくれたりとか、「わかった。じゃあ調整してやるよ」と言ってくれるとか、それが普段電話でしか話さないような相手だと、「いや、だめだよ」で終わりになっちゃうと思うんです。あとバグが出たときに、「そんなの知らないよ」となってし

まうところを「お願いしますよ、何とかしてくださいよ」と頼めるかどうか。すごい大きいですね。初めの数カ月はそういうことをしてなかったんですけど、前の会社はワンフロアに全員いたから会えた。何が違うんだろうと思ったときにそこだったんで。フェイス・トゥ・フェイスがなかったんで、じゃあフェイス・トゥ・フェイスで、フロアは1個にすることはできないんだけど、自分が変わることでできるかなと思ってやってみた感じです。

（中途採用4年目、SE、CK氏）

　CK氏は、前職では他部署の社員と積極的にコミュニケーションをとっていたことが高いパフォーマンスにつながっていることを思い出し、自ら行動を変えて、積極的にコミュニケーションをとりはじめてから、仕事が上手く進むようになったことを語ってくれた。このことからも、自ら積極的に動き、ネットワークを広げるプロアクティブ行動（ネットワーキング行動）が重要であることが理解できる。
　また、以下の中途採用者も仕事に必要なネットワークを構築するために自ら積極的に動いていることが理解できる。

　なるべく多くのお客様の役員クラスの方にお会いして、パイプをつくるというところですね。たとえば、B社さんと今、取引がありますけども、取引がなくなったときに、また声がかかるためには定期的なパイプをつくっておくという。営業は人が命なので、そこは気をつけてます。
　パイプをつくるコツのようなものがあるんですか。
　仮に取引がなくなった場合は、今このシステムを使ってるんでという話をできないので、新しい事例ですとかお客様の求めてるような、こうあるべきですよというのは定期的に役員の方に情報提供するということですかね。

（中途採用10年目、営業、AO氏）

　AO氏の発言からは、社内の人間とのネットワークよりも社外の顧客とのネットワークの構築に積極的に力を注いでいることが理解できる。とりわけAO氏は営業職従事者であるため、今後のパフォーマンスにも社外の

顧客とのネットワークは重要になると語っている。

　このように組織内であれ、組織外であれ、人的ネットワークは、与えられるものではなく、自ら積極的に構築していかなければならない。そのような中途採用者自身の積極的な行動（プロアクティブ行動）が人的ネットワークの構築・広範化を促進する。

2 人的ネットワークを広げる重要な他者 コネクター

　中途採用者の人的ネットワーク構築・広範化を促進する2つめの要因が、コネクターとなる重要他者の存在である。コネクターは、個人の組織内人的ネットワークを広げる役割を果たす人物である。新しい環境で知人の少ない中途採用者にとって、そのような役割を果たすコネクターの存在は、社内の人的ネットワークを構築するためには必要不可欠となる。

　以下の中途採用者は、「ハブ」という言葉を用いて、そのような存在の重要性について語ってくれた。

　　中途採用者がネットワークを広げるためには、どのようなサポートが必要ですか。
　　会社がというよりも横にハブになってくれる人がいるかどうかとか、そこになってしまいますね。それは外部的依存というか、運みたいなところもあるかもしれませんから、制度化するという意味ではむずかしいのかもしれないんですけれども。

　　　　　　　　　　　　　　　　　（中途採用2年目、技術開発、HS氏）

　HS氏の発言からは、近くに既存社員との関係性を橋渡ししてくれる他者の存在が重要であることが理解できる。

　同時に、そのような人物は、社内で影響力のある個人であることの重要性を語ってくれた。

　　目に見える範囲の人達とは仲良くなれるんですよ。でもやっぱり、他の事業部とコンタクトとらなきゃいけないとなると、途端にむずかしいですね。そこに対してはYさん（同僚）がいてくれるので。彼

が「この人だったら知ってますよ」と教えてくれたりだとか。あとはUさん（上司）が実質、僕の事業を見てくれてますので「じゃあこいつに口聞いといてやるわ」とか「こいつちょっと紹介したるわ」という形で紹介していただけるという形があるので。そこはもう非常に環境に助けていただいてるという感じです。初期スタートダッシュが速いという意味では、YさんとかUさんとかにいろいろやっていただいているんで、今は非常に助かってるというか。逆にそこがないと本当に大変だったろうなと思います。（中略）私がつくっている製品が他事業部の製品と連携しなければいけなくなると、まず誰に相談したらいいんだということがまったくわからなかったりしますから、キーマンは誰だというところですね。Uさんが「それだったらこいつが良いんじゃないの」と察してくれるとか。なので、話が早いという。影響力もあるし、社内のことも当然、知ってますから。

（中途採用2年目、技術開発、HS氏）

　HS氏の発言からは、影響力のある上司の存在が他事業部との仲介役となりネットワークをつないでくれるため、仕事が円滑に進められていることが理解できる。

　そのような存在は、社内の人的ネットワークや知識が乏しい中途採用者にとって重要であるため、組織からコネクターを割り当てることは有意義である。

3　職務特性　つながりができる仕事の割り当て

　中途採用者の人的ネットワーク構築・広範化を促進する3つめの要因として、携わる仕事の特性があげられる。

　以下の中途採用者は、自ら積極的にアクションを起こしたわけでも重要な他者がいた訳でもなく、携わった仕事の性質上、自然とネットワークが広がっていったことを述べている。

　　開発って結局1人でつくらないといけない。協力体制が自然とできるんですよ。SEって、客について、後ろに開発とかカスタムとか

がつくんですけど、SEがSEとくっつくというのはないんです。そういうところが違うと思います。

入社当時の人間関係の築き方とかはどうでしたか。

流されるままでしたね。そのときはまだ下っ端なので、やっていれば良いだけなんですよね。まだ、人間関係は開発のメンバー、そんなにいないですけど、10人以下でした。SEとコンサルみたいなチームと営業さんという3つのパターン、そこは小規模だから顔はわかっているじゃないですか。あとはお客さんに行く機会にSEと一緒になったときに、他の部署と顔馴染になるとか、ちょっとずつ広がる。私の場合はそういう時間がかかった微妙な広がり方という感じだったと思います。　　　　　　　　（中途採用19年目、技術開発、JK氏）

JK氏の発言からは、開発という職務の特性上、早急な人間関係の構築は求められず、部署外の既存社員とは仕事をしていく過程で、徐々に人間関係が構築されていったことが理解できる。

このように、中途採用者を他部署の既存社員と協働で取り組まなければならないような仕事に携わらせることで、自然と社内の人間関係の構築を促進させることが可能になる。中途採用者に意図的にそのようなつながりのできる仕事を割り当てることも有意義である。

4　組織要因　「場」の設定と人事制度

中途採用者の組織内人的ネットワークの構築・広範化を促進する組織要因として、「ネットワークづくりの『場』の設定」と「人事制度」の2つが語られた。

■ ネットワークづくりの「場」の設定

ネットワークづくりの「場」の設定に関しては、2つに分類できた。1つめが「情報共有できる『場』の設定」であり、2つめが「他部門との共同プロジェクトへの参加」である。以下にそれぞれについてデータを見ていくことにしたい。

⑴情報共有が可能になる「場」の設定

　中途採用者の社内の人的ネットワークを構築・広範化させるためには、中途採用者個人の行動や資質に依存するだけでは限界がある。組織的に中途採用者のネットワークを広げさせる「場」を提供し、ネットワークを構築させることが有意義である。第２章でも検証された職場での対面コミュニケーションの具体的な内容がここに該当しよう。

　具体的な「場」の例として、以下の中途採用者は、朝会のような「場」が有益であることを語ってくれた。

　　効果があるなと思うのは、小まめな朝会だとか定例会で今どんな状況かとか、各自がはき出せて情報共有できる「場」があったり、あとは前の会社では週報で定期的に状況を報告したりしていました。業務効率的に良いかというと悪い面もあるんですが、自分でも気づかなかった仕事の手詰まりを指摘する「場」になっていたので、それがあると少し救われるかなという気がします。

　現在の仕事の状況を相互に確認できるようなシステムとか制度とか「場」とか、そういうことですか。

　そうですね。今はそれがない。

　それがあると具体的にどう変わると思いますか。

　自分１人で悩まなかったりするところだと思います。前の会社では、今とそれほどコミュニケーション能力も何も変わってないと思うんです。むしろ低かった。でも、それなりに信頼された仕事ができて、上司とのコミュニケーションも良かったんです。たばこ部屋で仕事の話をしたりとか、飲みに行ったりとかあって、かなり密にやって、上司も可愛がってくれた。さっき私が言った朝会のような「場」が特になくても、「そう言えば、あの件なんですけど」とかなりざっくばらんに聞けたんです。それが無意識にできていたので手詰まりが少なかったと思うんです。今、そういう意味でコミュニケーションをとれる人はいないですね。

　その聞きづらさの理由は何なんですか。

　「場」がないからですかね。かなりみんな残業が結構多いんです。ダラダラ仕事をしているんじゃなくて、かなり集中して仕事をしてい

るんで話しかける隙がない感じですね。

（中途採用３年目、技術開発、KH氏）

　この場合は、部署内での「場」の設定に関する話であり、部署内での人間関係の構築に有益であると言える。このような部署内での「場」は、中途採用者が同僚とコミュニケーションをとりやすくなる側面と、同僚が中途採用者の現状を把握することで、何に困っているのかを把握することができ、同僚から積極的に声をかけやすくなるという側面があることも理解できる。
　中途採用者の組織内人的ネットワークの構築・広範化を促進するためには、このような「場」を積極的に設けることが重要である。

⑵他部署との共同プロジェクトへの参加
　また、同じ部署の既存社員とのネットワーク構築よりもむずかしいのが、他部署の既存社員とのネットワークの構築である。以下の中途採用者の発言からは、他部署と合同で取り組むプロジェクトに中途採用者を参加させることで、他部署との接点ができ、その接点がネットワークの広範化につながることが示されている。

　　大体うちの部署の場合は、プロジェクトに単体で入る場合と、他の事業部のものと合同で入る場合があるんです。合同でやっているプロジェクトだと、他の事業の方とかとも一緒に仕事をするので、そこでつながりはできるんですけど、またプロジェクトがわかれちゃうと、そこから先はあまりないですね。ただ、１回経験してるから、何かあったときには「あいついるな」とアクセスしやすいとかいうのがあるんですね。ちょっと聞いてみようというので、教えてくれたりはします。そういうきっかけづくりは大事ですよね。

（中途採用５年目、技術開発、GT氏）

　GT氏の発言からは、一度だけでも一緒に仕事をして、簡単なコミュニケーションをとったことがあるというだけで心理的障壁はなくなり、他部署の社員へのアクセスがしやすくなることが理解できる。それゆえ、中途

採用者を積極的に他部署との合同プロジェクトに参加させることは有意義であろう。

2 人事制度

中途採用者の組織内人的ネットワークの構築・広範化を促進する組織要因の2つめとして、「人事制度」があげられる。具体的には、「中途採用者研修」と「本配属前ジョブローテーション」の2つである。以下にそれぞれについてデータを見ていくことにしたい。

(1)中途採用者研修

調査に協力いただいた中途採用者の多くが、ネットワークを構築するために有意義なものとして研修をあげた。

以下の中途採用者は、研修が他部署の社員とのネットワークを構築するために有意義だったことを語ってくれた。

> 前職では1年間、中途採用者を対象とした研修がありました。定期的に違う部署の中途採用メンバーが集まってワークをして、また前回会ったメンバーと違うメンバーが集まって、またワークしてというのを四半期に1回ずつ、それを1年間やりました。
>
> **それは役立ったんですか。**
>
> 役立ちましたね。役立った、役立った。人間関係の構築にも、とても役立ちました。そういうのは確かにうち（A社）はないんで。
>
> （中途採用4年目、営業、ES氏）

ES氏は、中途採用者同士を集めてワークをさせる研修内容であることを論じているが、これを中途採用者と既存社員の双方を集めて実施すれば、そこで中途採用者と既存社員のつながりを作ることが可能になる。中途採用者同士だけではなく、中途採用者と既存社員のつながりを構築できる研修もデザインし、提供することが有益であろう。

そこで重要になるのは、具体的な研修の内容以上に、他部署の社員とのネットワークを構築させることを意識することである。

⑵本配属前ジョブローテーション

　中途採用者の組織内人的ネットワークの構築・広範化を促進する人事制度として「ジョブローテーション」があげられる。

　以下の中途採用者は、即効的に効果を発揮させるというよりも、長期的な視点からネットワークの広範化を促すものとして、ジョブローテーションの有効性を語ってくれた。

> 　ちょっと長期的な話になるんですけど、中途だけじゃないと思うんですけど、やっぱりジョブローテーションみたいなのが重要だなと思ってます。営業からマーケに行く、マーケから営業に戻るとか内勤に行くだとかというローテーションがあるとコミュニケーションするときの相手側の部門の思考が読めるようになる。こいつは大変なんだよなという。お互いそこがわからないので軋轢になる。やっぱりジョブローテーションすること自体が内部での転職みたいなものなので、中途採用であれ既存の社員であれ、ジョブローテーションはネットワークを広げるためには効果的だと思います。（中略）特に中途採用者は、本配属の前にいろいろな部署を経験しておくことがいいかもしれませんね。　　　　　（中途採用２年目、技術開発、ＨＳ氏）

　中途採用者は、即戦力として採用される人材であり、採用時点ではすでに配属は決まっている。しかし、中途採用者と言えども採用後すぐに必要とされる部署に本配属するのではなく、仮配属として関連部署に配属させ、ネットワークの下地を作らせて本配属するということが効果的かもしれない。

　即戦力としてすぐに目的の部署に配属し、結局不適応を起こし、期待外れに終わってしまうのであれば、最初の数週間は、さまざまな部署に配属し、その後、目的の部署に配属したほうが上手く組織に再適応し、パフォーマンスを発揮する可能性が高くなると考えられる。即戦力であっても多少の準備期間は不可欠であり、多少時間を要してでもそのほうが組織にとって目的に適った人材補充になると言える。

分析のまとめ

　ここまで中途採用者が社内の人的ネットワークを構築・広範化するための促進要因が示された。それをまとめたのが図表3‐1である。

図表3‐1　中途採用者の組織内人的ネットワーク構築・広範化の促進要因

要因レベル	具体的要因
個人要因	プロアクティブ行動
他者要因	重要な他者(コネクター)
職務要因	つながりができる仕事の割り当て
組織要因	組織的な「場」の設定 ・情報共有ができる場 ・他部署との共同プロジェクトへの参加 人事制度 ・中途採用者研修(Off-JT) ・本配属前ジョブローテーション

考察

中途採用者に求められる人事制度

1　研修参加者の「同質性」と「多様性」の双方が大事

　第3章の分析の結果、中途採用者の組織内人的ネットワークを構築・広範化させる要因として、中途採用者研修があげられた。そこでは、中途採用者研修を参加者の種類によって2つの内容にわけている。1つめは、中途採用者だけを集めて研修を行う中途採用者研修（同質性研修）である。この場合は、中途採用者同士の中途ネットワークを形成する機会になる。

　中途ネットワークは参加者の同質性が高く、自分たちが置かれた状況を理解し合える存在となり、強いつながり（強連結）として、情緒的な性質のネットワークになる。また、それだけではなく、他部署に顔見知りがいるだけで、その人物を介して他部署との関係性を構築しやすくなる。その

ため他部署の中途採用者が、部署間の橋渡しをする仲介者になれる可能性もある。

　しかし、中途採用者には、自部署においてもネットワークが乏しかったり、人間関係が未構築な人も多く、仕事に有益な情報やネットワークを有していない場合もある。同質性の強い強連結は、情緒的なサポートの交換には適しているが、行き交う情報や発想はマンネリ化してしまう可能性が高くなる（金井、1994a）。中途ネットワークは、「傷をなめ合う」情緒的な機能は果たしているが、中途採用者が集まるとお互いに経験が浅いので、タコツボ化してしまう可能性が高い（金井、1994a）。それが中途ネットワークの負の側面と言える。

　2つめの研修の性質は、他部署の既存社員も参加する異質性の高いメンバーで構成される研修である（多様性研修）。この場合の研修は、中途採用者も経験豊富な既存社員とコンタクトを持つことが可能になり、早急に組織内の人的ネットワークを広めることが可能となる。

　他部署に経験豊富な既存社員との接点ができるため、このような研修は情報的機能を果たすと考えられる。しかし、当該組織で長い経験のある既存社員とは異質性も高く、中途採用者の課題や心理状況などを理解してもらうことはむずかしい。そのため情緒的な相談などをする相手としては、不適当であると考えられる。このような弱連結のネットワークは、情報的機能性は高いが、情緒的機能性は低いと言える。

　しかし、Granovetter（1974）の調査で有名となった弱連結の強み（strength of weak ties）は、異質性の高い研修で得られるものとなる。金井（1994a）も、弱連結が架橋連結として作用すると、内向きに閉じこもりがちの小世界が社会やコミュニティという大世界につれていくことを主張している。中途採用者が中途ネットワークという強連結の中に閉じこもるのではなく、既存社員と研修で顔を合わせて、少し話したことのある弱いつながりがあることで、内向きに閉じこもりがちな中途採用者を自部署以外のコミュニティに連れて行くことが可能となる。

　以上のように、中途採用者のネットワークを構築させるための「場」としての研修は、2つのタイプがあり、それぞれに異なる効果がある。その効果の双方が中途採用者にとって重要なものとなる。つまり、研修参加者の質的多様性を用いることで弱連結が世界を「広め」、強連結が世界を「深

める」ことになり（金井、1994a）、双方によって中途採用者の組織への再適応を促進することが可能となる。

　以上をまとめたのが、図表3‐2である。

図表3‐2　研修における人的ネットワーク構築の性質

研修の内容	連結	情報	情緒
中途採用者だけの研修（同質性研修）	強連結 （中途ネットワーク）	△	○
他部署の既存社員と接することができる研修（多様性研修）	弱連結	○	×

　図表3‐2のようにそれぞれの研修は、その効果が異なるため、どちらか一方を実施すれば良いわけではなく、両者を上手く用いることで中途採用者の組織内ネットワークの構築や組織再適応を支援することが可能となる。

2　組織再適応の促進に有益　人的ネットワーク構築期間の導入

　中途採用者の組織内人的ネットワークを構築・広範化する人事制度として、本配属前ジョブローテーションがあげられた。分析の箇所でも論じたように、中途採用者をすぐに必要とされる部署に配属するのではなく、仮配属として関連部署にも配属させ、ネットワークの下地を作らせて本所属するということが効果的かもしれない。

　具体的に考えてみたい。まずは、本所属の部署に配属し、そこで自分がどのような仕事に携わるのかを理解させ、自分の仕事がどの部署と連携することが求められるのかを把握させる。

　次に、自分の仕事と連携が求められる他部署に配属し、当該部署の仕事を把握させたり、人的ネットワークを構築させたりする。そうすることで、他部署の上司、既存社員とつながりができ、自分が最も連携しなければならない人物が誰かも把握することができる。さらに当該部署の事情も理解することも可能になる。それが本配属での仕事の遂行を円滑なものにする。

　組織内人的ネットワークの構築に苦しむ中途採用者には、このような「人

的ネットワーク構築期間」（図表3‐3）を与えることで、円滑な組織再適

図表3‐3　人的ネットワーク構築期間の内容

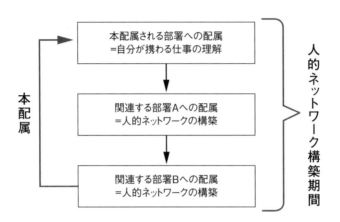

応を促進させることが有益である。

3　人的ネットワークの構築・広範化　ドミノ効果

　本章では、中途採用者の組織内人的ネットワークの構築・広範化を促進
する要因を理解した。分析の結果、中途採用者自身の個人要因や他者要因、
職務要因、組織要因があげられ、幅広く、多様なサポートを提供する必要
があることがわかった。

　さらに、本章で見出された要因は、必ずしも組織内人的ネットワークの
構築・広範化だけに有意義なものではない。第1章で見出された中途採用
者の組織再適応課題のすべての解決にもつながる要因であると考えられる。

　基本的にはこれらの要因が、中途採用者の組織内の人的ネットワークを
構築・広範化する役割を果たすが、それまでの過程でコミュニケーション
が介在することになる。プロジェクトや研修を通じての部署外の社員との
コミュニケーション、部署内でのミーティングを通じての同僚とのコミュ
ニケーション、重要な他者とのコミュニケーションなど、多様な社員との
コミュニケーションが介在する中で、そこから職務知識の習得や暗黙のル

ールの理解、中途意識の排除やアンラーニングが可能になり、同僚との信頼関係も構築されていくと考えられる。

　つまり、中途採用者の組織内の人的ネットワークの構築・広範化を促進する施策を実施することで、それ以外の中途採用者の組織再適応課題の解決につなげることができる。本書ではそれを「組織内人的ネットワークの構築・広範化によるドミノ効果」と呼びたい。最小限の働きかけで最大限の効果を得られる点において、中途採用者の組織内人的ネットワークの構築・広範化に取り組むことが、有意義であると言える（図表3‐4）。

図表3‐4　人的ネットワークの構築・広範囲を促進する施策

組織再適応課題		
①スキルや知識の習得	組織社会化課題	良質な他者との関係性の構築によって解決可能＝ドミノ効果
②暗黙のルールの理解		
③アンラーニング	中途固有課題	
④中途意識の排除		
⑤信頼関係の構築（因果のねじれ現象）	中途ジレンマ	
⑥人的ネットワークの構築		

要因レベル	具体的要因
個人要因	プロアクティブ行動
他者要因	重要な他者（コネクター）
職務要因	つながりができる仕事の割り当て
組織要因	組織的な場の設定 ・情報共有ができる場 ・他部署との共同プロジェクトへの参加 人事制度 ・中途採用者研修（Off-JT） ・本配属前ジョブローテーション

　上記の考察から中途採用者の組織再適応には、「組織内の人的ネットワークを構築・広範化させることの重要性」と「それを組織的にサポートすることの重要性」「コミュニケーションの重要性」の3点を理解すること

ができた。

第3章のまとめ

中途採用者の人的ネットワークの構築・広範化を
サポートする仕組みが必要

　中途採用者の高いパフォーマンスの発揮や円滑な組織再適応を促すためには、組織内での人的ネットワークが不可欠である。組織として、中途採用者の人的ネットワークの構築と広範化を促進する要因を理解し、それをサポートする仕組みづくりが重要である。

第4章

中途採用者の
適応エージェントの性質

組織内で必要な
サポートを解明する

本章の目的

　第1章では、中途採用者の組織再適応課題を質的データから明らかにした。そのような課題の克服には、他者からのサポートが重要になる。第3章では、組織内の人的ネットワークの構築・広範化をサポートする存在として「コネクター」の重要性を論じたが、それを包含し仕事のサポートやメンタルサポートの役割も果たす重要な他者が「適応エージェント」になる。新しい環境に適応するためには、良質で充実した「適応エージェント」の存在が不可欠になる。

　組織には、中途採用者が良質な適応エージェントを得られているのかを把握することが求められる。もし、中途採用者が良質な適応エージェントを得られていないのであれば、組織から良質な適応エージェントを提供することが求められるであろう。

　本章では、中途採用者の組織再適応をサポートする「適応エージェント」に焦点を当て、所属期間の長い新卒採用者と中途採用者の適応エージェントがどのように異なるのかを、記述形式のネットワーク・クエスチョン（Burt、1984）とインタビューデータを用いて分析し、中途採用者の「適応エージェント」の現状や課題を明らかにしたい。

先行研究の検討

「社会化エージェント」を基盤に
「適応エージェント」を考える

1 社会化エージェントの研究
組織適応には他者からのサポートが不可欠

　適応エージェントについて考察するのに有益なのが、組織社会化研究で研究蓄積が多い社会化エージェント（socialization agent）に関する研究であろう。社会化エージェントとは、新人の組織社会化を促進するもので、人はもちろん、儀式や訓練、さらには経験なども含まれている（Louis、Posner and Powell、1983）。Fisher（1986）が、新人が組織に参入し、社会化されていく際にさまざまな方法で規範や価値、行動や技術を学習するが、そのほとんどの学習は社会化エージェントからの学習であると指摘し、その重要性を論じている。

　この社会化エージェントには、いくつかの種類がある。たとえば、Louis et al.（1983）は、社会化アイテムとして、訓練、経験、人の3つをあげ、特にピア（同期）、上司、年上の同僚との相互作用の重要性を指摘している。Louis et al.（1983）以外でもこれらの重要性は多く指摘されている（たとえば、Kram、1988; 金井、1989; Major、Kozlowski and Chao、1995; 中原、2010; 尾形、2013a、b; 若林・南・佐野、1980）。

　また、エージェントから得られる効果も多様であることが示されている。尾形（2020）では、若年就業者の組織適応を促進するエージェントとして、ピア、上司、同僚、グループ要因、予期的社会化の5つをあげ、それらのエージェントから得られる効果の多様性についても検討している。分析の結果、組織適応の下位次元である情緒的コミットメント、組織社会化、離職意思の3つの概念には、それぞれに異なるエージェントが影響を与えているということが示されている。

　Louis（1990）は、新人が作業環境や組織固有の文化・風土を理解するようになるプロセスを文化触変（acculturation）と呼び、それを促進する

エージェントとして、ピア、上司、メンターなどを取り上げ、ピアとの関係性を兄弟、上司との関係性を両親、メンターとの関係性を祖父母でたとえ、その役割の相違について論じている。さらに、Granovetter（1974）や安田・石田（2000）においては、パーソナルネットワークの質や関係性の強弱によって、そこから得られる情報や効果が異なることが主張されている。

　以上のように、新しい環境に円滑に適応するためには、他者からのサポートは不可欠であり、その種類や効果も多様であることがわかっている。

2　中途採用者の適応エージェント　コネクターを兼ねる重要な存在

　第3章では、中途採用者の人的ネットワーク構築・広範化をサポートする重要な他者（コネクター）の存在があげられたが、適応エージェントは、それだけに限定されたものではない。適応エージェントは、中途採用者の組織再適応全般をサポートする存在であり、ネットワークの構築や広範化から仕事サポート、メンタルサポートのすべての役割を果たす存在である。そのため適応エージェントはコネクターの役割を担うが、コネクターは適応エージェントの一部を担うのみで、適応エージェントとは異なる（図表4 - 1）。

図表4 - 1　適応エージェントとコネクターの質的内容

重要な他者	定義	ネットワーク	仕事サポート	メンタルサポート
適応エージェント	中途採用者の組織再適応をサポートする存在	○	○	○
コネクター	中途採用者の組織内人的ネットワークの構築・広範化をサポートする存在	○	×	×

　上記から理解すれば、コネクター以上に適応エージェントの役割の広さが理解できよう。それゆえ本章では、中途採用者の適応エージェントに焦点を当て、中途採用者の適応エージェントの現状を把握し、それがどの程

度効果的なものかを検討したい。それを長く組織に所属している新卒採用者の適応エージェントと比較することで明らかにする。

　本章では、適応エージェントを信頼できる相談相手と定義している。本章の研究課題は以下である。

研究課題　中途採用者と新卒採用者の適応エージェントは質的にどのように異なるのか。

　以上が本章の取り組む研究課題である。以下からは、本章の調査協力企業と調査方法について示していきたい。

調査協力企業と調査方法

A社へ3日間にわたり半構造化インタビューを実施

1　協力企業　積極的に新卒採用と中途採用をするA社に調査

　調査に協力いただいた企業は、第1章と第3章と同様のA社である 。A社は、新卒採用と同時に中途採用も積極的に行い、多くの中途採用者が在籍している。

2　調査方法と調査協力者　「中途」「新卒」採用者への　インタビュー調査とネットワーク・クエスチョン

1 インタビュー調査

　インタビュー調査は2015年2月16日から2月18日までの3日間で行われた。詳細は第1章を参照されたいが、本章の調査が第1章と異なるのは、新卒採用者への調査データも分析している点である。

(1)中途採用者の協力者は11名

　中途採用者に対するインタビュー調査の調査協力者は合計11名で、性別

はすべて男性である（図表4‐2）。

図表4‐2　中途採用者のインタビュー調査協力者の概要

職種	中途採用者
営業職	5名（全て男性）
技術職	6名（全て男性）
合計	11名（全て男性）

以下の図表4‐3が調査日と調査協力者の詳細である。

図表4‐3　中途採用者のインタビュー調査協力者の属性と調査日

調査協力者	勤続年数	所属部署	調査日
AO氏（男性）	中途10年目	営業	2015年2月16日
BH氏（男性）	中途3年目	営業	2015年2月16日
CK氏（男性）	中途4年目	SE	2015年2月16日
DY氏（男性）	中途10年目	営業	2015年2月16日
ES氏（男性）	中途4年目	営業	2015年2月17日
FN氏（男性）	中途4年目	SE	2015年2月17日
GT氏（男性）	中途5年目	技術開発	2015年2月17日
HS氏（男性）	中途2年目	技術開発	2015年2月17日
IF氏（男性）	中途25年目	営業	2015年2月17日
JK氏（男性）	中途19年目	技術開発	2015年2月18日
KH氏（男性）	中途3年目	技術開発	2015年2月18日

⑵新卒採用者の協力者は10名

　新卒採用者に対するインタビュー調査の調査協力者は合計10名で、性別は男性9名、女性1名である（図表4‐4）。

図表4‐4　新卒採用者のインタビュー調査協力者の概要

職種	新卒採用者
営業職	3名（すべて男性）
技術職	7名（男性6名、女性1名）
合計	10名（男性9名、女性1名）

以下の図表 4 - 5 が、調査日と調査協力者の詳細である。

図表4 - 5　新卒採用者のインタビュー調査協力者の属性と調査日

調査協力者	勤続年数	所属部署	調査日
QA氏（男性）	新卒14年目	SE	2015年2月16日
RS氏（男性）	新卒15年目	営業	2015年2月16日
SO氏（男性）	新卒15年目	営業	2015年2月17日
TY氏（男性）	新卒13年目	技術開発	2015年2月17日
UF氏（男性）	新卒13年目	技術開発	2015年2月17日
VH氏（男性）	新卒12年目	技術開発	2015年2月18日
WK氏（女性）	新卒6年目	技術開発	2015年2月18日
XH氏（男性）	新卒12年目	技術開発	2015年2月18日
YY氏（男性）	新卒18年目	技術開発	2015年2月18日
ZK氏（男性）	新卒16年目	営業	2015年2月18日

2 質問票調査（ネットワーク・クエスチョン）

　質問票調査（ネットワーク・クエスチョン）は、インタビュー調査の後に記述してもらった。質問票調査の内容はBurt（1984）の内容を参考に、主に「仕事に関する重要なことを相談できる相手」について尋ねている（次頁、図表4 - 6）。実施方法は、インタビュー調査の終了後にその場で回答していただいた。

　また、中途採用者のインタビュー調査は11名に実施しているが、質問票調査に関しては、25年目と19年目の管理職の協力者には実施していない。その理由としては、中途採用者であるものの当該組織への所属期間も長く、新卒採用者と同質になる可能性が高いからである。そのため質問票調査に関しては、インタビュー人数よりも2名少ない9名となっている。

　同様に、新卒採用者のインタビュー調査は10名に実施しているが、ネットワーク・クエスチョンに関しては18年目の管理職の協力者には実施していない。そのためネットワーク・クエスチョンに関しては、インタビュー人数よりも1名少ない9名となっている。

　以上が調査協力者であり、中途採用者9名の平均年齢が38.2歳で、平均勤続年数が4.6年、新卒採用者9名の平均年齢が35.8歳で、平均勤続

図表4-6 信頼できる相談相手に関する調査票ネットワーク・クエスチョン

ご本人：　■年齢＿＿＿＿歳　■採用　新卒・中途　■勤続年数＿＿＿＿年　■性別　男・女　■役職　有・無

あなたが現在、仕事に関する重要なことを相談できる会社内外の人（身内は除く）を5名思い浮かべてください（5名思い浮かばなければ、思い浮かぶだけの人数で構いません）。

(1)信頼度	(2)年齢（推定可）	(3)性別	(4)所属※	(5)現組織への採用	(6)役職・属性※	(7)接触頻度※	(8)知人期間※	(9)相談できる内容範囲※	(10)相談内容の重要性（高・中・低）
1（　）氏									
2（　）氏									
3（　）氏									
4（　）氏									
5（　）氏									

上記以外に重要なことが相談できる人がいる方は、あと何名くらいいますか？　会社内＝＿＿＿＿名　会社外＝＿＿＿＿名

(4)の選択肢
①同一会社、同一部署
②同一会社、他部署
③異なる会社

(5)の選択肢
①新卒採用
②中途採用

(6)の選択肢
①役職あり
②先輩
③同期
④後輩

(7)の選択肢
①月に1回以下
②月に2回程度
③週に1回程度
④週に2、3回程度
⑤ほとんど毎日

(8)の選択肢
①1年未満
②2年程度
③3〜5年程度
④6〜9年程度
⑤10年以上

(9)の選択肢
①仕事のみ
②仕事とプライベートのどちらも

年数が12.9年となった。以上が、本章で実施したネットワーク・クエスチョンに関する調査協力者の詳細である（図表4‐7）。

図表4‐7　ネットワーク・クエスチョンの調査協力者と平均年齢、平均勤続年数の詳細

詳細	中途採用者（9名）	新卒採用者（9名）
平均年齢	38.2歳	35.8歳
平均勤続年数	4.6年	12.9年

3 　分析方法　ネットワーク・クエスチョンの分析結果をインタビューデータで補完

　本章は、主に質問票調査のネットワーク・クエスチョンに関する分析結果を中心に示し、その結果の理由や背後にある要因などについてインタビューデータで補完していくという分析を行う。

分析結果

中途採用者と新卒採用者の適応エージェントは質的に異なる

1 　中途採用者の適応エージェント　仕事の質問ができる存在は重要

　中途採用者が新しい環境に円滑に再適応するためには、それを援助する重要な他者としての適応エージェントが欠かせない。以下の中途採用者は、仕事について聞くことができる人の存在の重要性を語ってくれた。

　　聞ける人がいれば、全然問題ではないと思います。ただ聞ける人がいない状態だったら、何かしらのノウハウが手元にないと仕事しづらいのかなとは思います。　　　　　　（中途採用5年目、技術開発、GT氏）

103

組織に参入したばかりの個人は、新人であれ中途採用者であれ、仕事に関するノウハウや知識はほとんど持ち合わせていない。中途採用者が仕事上の問題に直面した際に、すぐに相談できる相談役を割り当てることは有意義である。

ここからの分析は、中途採用者の適応エージェントと長く組織に所属している新卒採用者の適応エージェントを比較しながら、その性質を把握することにしたい。

2 適応エージェントの比較
中途採用者の信頼できる相談相手とは？

図表4‐8　相談相手の所属（単位は「人」）

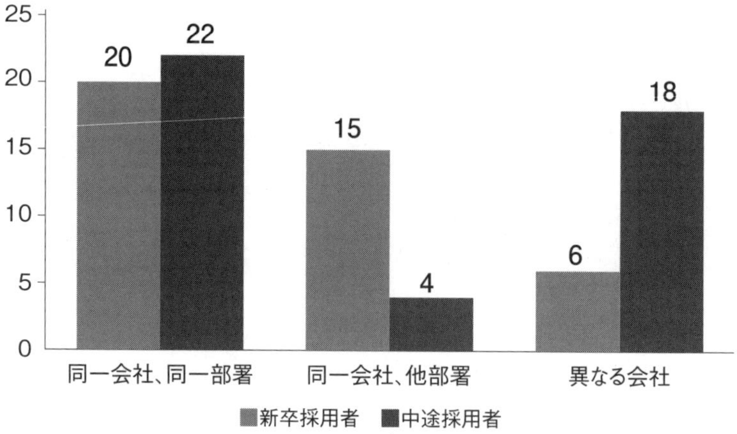

1 信頼できる相談相手の所属先が偏る中途採用者

まず、信頼できる相談相手の所属に関する比較である。その分析結果が図表4‐8である。

図表4‐8からわかるように、新卒採用者は自社内の同一部門（20人）と他部署（15人）に、それぞれ均等に存在していることが理解できる。

一方で、中途採用者のほとんどが信頼できる相談相手は、自社内の場合

は同一部門内（22人）にしかおらず、他部署にはほとんどいない（4人）ことが理解できる。このことは中途採用者が、他部署への協力を求めることのむずかしさを示している。そのことは、以下の発言からも理解できる。

> 何となくですけど、同じ課の人は良いんです。仲間な感じがする。他の課の人って、話した瞬間に敵だと思われてるような気がする。どの課に話しに行っても、やっかいごとを持ってきたなという目線で接されてると感じます。実際そうなんですけど、お願いしに行くというのは。だから、いきなり突き放されるというか。ウェルカムな感じじゃないんです。
> **そういうときに、ある程度知り合いとかがいたら、やりやすくなりますか。**
> それはそうです。プロパーの人を見てると、ある程度同期だとか、最初からつながりを持ってた人とかがいると、質問とかもそこ経由で聞けば良いだけじゃないですか。（中途採用者は）質問しに行く人もいないという中で、誰かつかまえなきゃいけないんです。
> （中途採用4年目、SE、N氏）

　こうした発言からも、中途採用者が社内に信頼できる相談相手を作ることのむずかしさが理解できよう。第1章でも説明したように、既存社員にとって中途採用者は部外者であり、「ライバル視」や「お手並み拝見意識」も強く、入社してすぐに人間関係や信頼関係を構築することは容易ではない。しかし、仕事は他部署との協働作業で行われるものが多く、他部署の役割や仕事内容、事情を理解しておくことは重要である。そのためには、自部署だけではなく、他部署にも信頼できる相談相手がいることが重要である。

> たとえば、1個のソリューションだけで売り切れれば良いんですけど、ものづくりが複雑化しているので、なかなか単一のソリューションというのはむずかしいんです。そういった意味で言うと、社内外含めてなんですけども、相関性を持って連携した提案をするためには、社内での連携は必要です。　（中途採用10年目、営業、O氏）

中途採用者が高いパフォーマンスや円滑な組織への再適応を達成するためには、自社内の同僚との人間関係のみならず、他部署の社員との人間関係の構築が求められている。

中途採用者の適応エージェントの主要な特徴としては、「異なる会社」に信頼できる相談相手が多い点（18名）である。先述したように中途採用者は、会社内で新しい人間関係を構築することはむずかしいため、組織外の人間に相談する傾向があり、具体的には、以前の職場の同僚や上司、仕事相手であると考えられる。もちろん、組織外に多くの相談相手を持つことについては有意義であるが、新しい環境で新しい仕事や組織に関する重要な情報を得るためには、自社内での人間関係の構築が重要となる。

❷ 相談相手を「中途ネットワーク」に頼る中途採用者

次に、信頼できる相談相手の入社方法に関する比較である。その分析結果が図表4‐9である。

図表4‐9　相談相手の入社方法（単位は「人」）

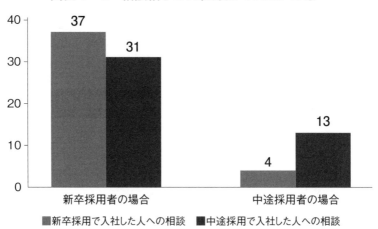

図表4‐9からもわかるように、新卒採用者は相談相手が新卒採用者でも中途採用者でもあまり関係なく相談していることが理解できる。一方、中途採用者は、自分自身の境遇を理解しやすい中途採用者に相談する傾向

があることが示されている。

　中途採用者は、境遇の同じ中途採用者と相談し合う傾向にあり、それを "中途ネットワーク" と呼ぶことができる。この中途ネットワークは、同じ状況に置かれた中途採用者同士が仕事上の課題や不満を共有することで課題の解決やストレスの軽減につながり、組織への再適応を促進しているポジティブな側面があると同時に、中途採用者だけの思い込みや新しい環境に不向きな問題解決方法などに行き着く「負の側面」も並存している可能性も高い。それが次のような発言である。

　　　仕事としては、プロパーの方がやりやすいです。中途同士だとお互い経験が浅いので、変なとこに迷い込んじゃうというのがあって。こういうとき、今までどうしてたのかというノウハウをまず見つけなきゃいけないというところが結構むずかしいので、それは中途同士だと見つからないですね。　　　　　　（中途採用5年目、技術開発、GT氏）

　上記の中途採用者の発言のように、同質性の強い強連結は、情緒的なサポートの交換には適しているが、行き交う情報や発想はマンネリ化してしまう可能性が高くなるし、単に「傷をなめ合う」だけの存在になってしまう。それが以下の中途採用者の発言からも理解できる。

　　　飲み会をやってるんですよ、中途で。みんなそういう悩み持ってるんだろうなと思ったんで、僕が主催して、今、第7回まで行きました。初め3人ぐらいからスタートしたんですけど。今はだいぶ増えて、7人か8人ぐらいまで行きましたね。そういうところで、傷をなめ合っているんです。でも、やっぱり飲めばいろいろ愚痴も出てきますし、でも中途仲間だったら営業もいるしSEもいるし開発もいるし、部門外とのつながりもできやすいので。「そのうち、うちらだけで何か1個システムつくろうぜ」みたいな感じで。馬鹿話ばっかりですけどね。　　　　　　　　（中途採用4年目、SE、CK氏）

　もちろん、このような情緒的な機能は肯定的であり、中途採用者にとっても有意義であるが、中途採用者こそ組織経験が長く、組織のことを熟知

している新卒採用者に相談することが有益である。

❸ 中途採用者は同期、新卒採用者は役職者に相談

　3つめは、信頼できる相談相手の職位に関する比較である。その分析結果が図表4‐10である。

図表4‐10　相談相手の職位（単位は「人」）

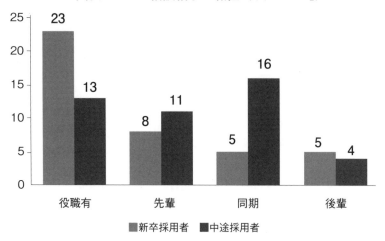

■新卒採用者　■中途採用者

　図表4‐10からもわかるように、ここでも新卒採用者と中途採用者の間で違いが見てとれる。新卒採用者で最も多い相談相手は役職者（23人）であるのに対し、中途採用者が最も相談するのは同期（16人）となっている。中途採用者は、同期の中途採用者に相談する傾向があることが理解でき、自分と同じように新しい職場での経験や知識が乏しい者同士で相談し合っていることになる（中途ネットワーク）。これでは相談相手も同じような課題に直面している可能性が高く、何ら事態の解決に導く助言を得られず、先述した「中途ネットワークの負の側面」に陥る可能性が高い。

　一方、新卒採用者は会社での人間事情を把握しており、自部署であれ他部署であれ、知り合いも多く、直接的にも間接的にも、役職者との関係性を構築しやすいため、役職者に積極的に相談しやすいと考えられる。そこは中途採用者にはない、新卒採用者の強みと言えよう。

　新しい環境に入り、仕事の経験や知識、組織内の人間関係も乏しい中途

採用者にとって経験や知識も豊富で、仕事の割り当てや意思決定の権限を有する役職者との関係を構築することは重要である。そのような役職者とのコミュニケーションから仕事の知識を得られたり、組織内での人間関係を広げたりすることが可能となる。仕事の経験や知識、組織内の人間関係が乏しい中途採用者こそ、相談する相手は役職者であることが求められる。それは以下の中途採用者の発言からも理解できる。

　　　A社は割とフラットな組織だと思っているんですよ。なので、上司を介して伝達することって、あまり必要とされていない会社のように思っていて。結構フラットに、たとえば、技術の部長だとかＳＥの課長とかに話をすれば良いと思うんですけれども、ただ、そこに課長だとか部長が入ってきてもらえるのは、私自身としては助かるかもしれませんね。（中略）やっぱり営業とＳＥ、開発って対立する部分ってあると思うんですね。利害関係で言うと。営業はどんどんものをとってきたり、開発部門は原価だとかコストを考えながら仕事をすると思うんです。負荷が高くなるところは避けたいとかあると思うんですけど、営業はなるべく多くの受注をとってくるというところ、対立する部分ってあるじゃないですか。その部分について自分１人で調整するんじゃなくて、やっぱり上を巻き込んでやっていく必要があるのかなと思います。　　　（中途採用３年目、営業、BH氏）

こうした発言からも理解できるように、職場で影響力があり、会社や仕事にくわしい役職者は、社内の人的ネットワークや仕事の知識が乏しい中途採用者にとって重要な役割を果たす。それゆえ中途採用者がパフォーマンスを発揮するためには、役職者との良質な人間関係の構築が求められる。

中途採用者のインタビュイーの中でも、比較的うまく組織に再適応でき、成果を出せていると感じているインタビュイーは、そのような再適応を促進させてくれた上司の存在をあげている。

　　　人間関係のところに尽きると思うんですけど、フェイス・トゥ・フェイスで会話してきたことだと思います。特にAさん（上司）は、お客さんと打ち合わせで、やばいことがあったら深夜でも電話しま

し··し、事前に「何かあったら深夜でも電話します」って言ってあったので、常にコミュニケーションをとって、何かあったらすぐに報告して、すぐ会いに行ってとか。それはAさんに限らずやってきたことではあるんですけど、そういったことが今、ようやく結果として出てきてるのかなという気はします。なので、Aさんの存在はとても大きかったです。

（中途採用4年目、SE、CK氏）

　上記の中途採用者は仕事で困った際に、常に上司であるA氏に相談できた環境をあげ、A氏の存在が仕事のパフォーマンスを含めた組織への再適応に重要な役割を果たしていたことが理解できる。
　同様に以下の中途採用者は、組織に再適応する際に重要な役割を果たした2人の上司の存在について語ってくれた。

　　たまたま良い先輩が自分の身近にいたというのもあります。それも大きかったと思います。1人はUさんですけど。Uさんが大阪支社のリーダーやってたころにUさんとその下にCさんという方もいて。このお二方には良い先輩として、良い上司として、熱く厳しく指導されました。周りから見ると「厳しいな」とよく言われましたけど、自分は中途なんで3年ぐらいで芽が出なかったら、このトライは辞めたほうが良いと思ってたんで。3年で勝負と。ということは、たまたまついた上司が良かったというのもあるんですけれども、こっちも誰に学ぶか、真似ぶかという目利き力がいるんですよね。かなり厳しかったですけれども、ショートカットできたのではないかなと思います。多分5年間ぐらいで覚える仕事を3年ぐらいで、きつかったですけれども、教え込まれたみたいなもんです。そこに関しては、周りから見ると厳しく見える、「厳しいよね」と皆に言われましたけど、全然そんなことは思わなかったですし、かえってありがたかったです。

（中途採用25年目、営業、IF氏）

　中途採用者にとって、新しい環境への再適応をサポートする適応エージェントの存在は不可欠であり、とりわけ役職者の重要性を理解することができる。

　そのような適応エージェントが近くにいて、すぐに見つけられ、関係性を構築できる中途採用者であれば、円滑に組織に再適応することが可能であるが、それができない中途採用者も多い。それゆえ、中途採用者に適応エージェントを割り当てることが重要な組織サポートになる。新人であれば、多くの企業で先輩社員を指導係やメンターとして割り当てているが、新人だけではなく中途採用者にもそのような適応エージェントを割り当てることは重要である。そして、その適応エージェントは、仕事や会社のことを良く知り、ある程度の影響力を持つ役職者を割り当てることが有益である。

４ 中途採用者の相談は月１回、新卒採用者はほぼ毎日

　４つめが、信頼できる相談相手との接触頻度に関する比較である。その分析結果が図表４‐11である。

図表４‐11　相談相手との接触頻度（単位は「人」）

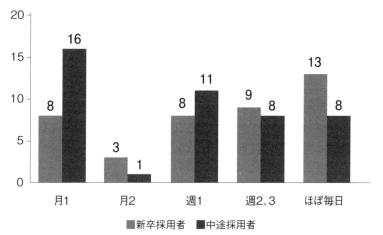

　図表４‐11からもわかるように、ここでも中途採用者と新卒採用者で相違が生じている。具体的には、新卒採用者は「ほぼ毎日、相談相手に接触している」が最も多いのに対し、中途採用者は「月１程度の接触」が最も多くなっている。ここでも第１章で論じた中途採用者固有の遠慮意識が影響をおよぼしているのかもしれない。新しい環境に参加し、仕事の経験や

知識、人的ネットワークの乏しい中途採用者こそ、信頼できる相談相手に多く接触することが重要である。

　おそらく中途採用者の相談相手は、図表4‐8でも示されているように、異なる会社に所属している個人の可能性が高く、具体的には、以前に所属していた会社の上司や同僚、顧客などである。それゆえ「月1」程度が、最も多くなっていると推測できる。もちろん、現状の課題に客観的な立場から意見を言える社外の人間が相談相手として存在していることは有意義である。しかしながら、とりわけ再適応課題が多い中途採用者は、そのような課題に直面した際、すぐに相談できる相手が社内の近くにいることが重要である。そのような存在が近くにいるかいないかで中途採用者の組織再適応の結果は異なってくると言えよう。

　いずれにせよ、知識や経験の乏しい中途採用者のほうが適応エージェントと積極的に接触回数を増やすことが重要と言えるが、現実はそうなっていないことが明らかになった。

❺ 中途採用者は3〜5年、新卒採用者が10年以上の関係性

　5つめが、信頼できる相談相手との知人期間に関する比較である。その分析結果が図表4‐12である。

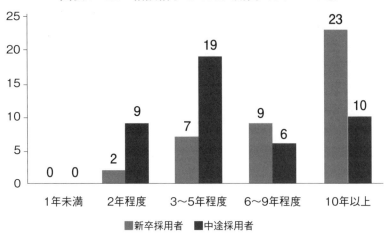

図表4‐12　相談相手との知人期間（単位は「人」）

　図表4‐12からもわかるように、ここでも新卒採用者と中途採用者の間に相違が生じている。具体的には、信頼できる相談相手との知人期間として新卒採用者が「10年以上」の関係性が最も多いのに対し、中途採用者が「3〜5年程度」の関係性が最も多くなっている。

　しかし、この場合、中途採用者の知人期間が3〜5年程度になるのは、図表4‐7の中途採用者の在職期間の平均が、4.6年になっていることから在職1年めからの関係性であることが理解できる。そもそも当該組織での在職期間が短い中途採用者が、社内の信頼できる相談相手との知人期間が短くなることは当然である。

　一方で、新卒採用者は当然のことながら、知人になった期間が10年以上と非常に長い。図表4‐7からも理解できるように、新卒採用者の平均勤続年数はおよそ13年なので、入社当初からの関係性であると考えられよう。

　この点で重要なことは、知人期間の長さが、相談内容の質に影響をおよぼすという点である。つきあいの長さがコミュニケーションのとり方に影響をおよぼすことについて、新卒採用者から以下のような発言を聞くことができた。

　　（中途採用者と新卒採用者では）見てる時間が当然違うので、プロパーだと昔から知ってるという意味で、個人の特性とかも把握していて、信頼するのが早いという気はします。（中略）その人のことを知ってるので、たとえば、軽く言ったとき、「こいつはここまで考えて言ってるんだろうな」というのがわかったうえで対応するので、軽口を言っても理解してくれると思ってするやりとりと、よくわからない人が、「どこまでわかって言ってるのかな」というやりとりでは、相談を受けるほうも、そういうのが態度に出ちゃうのは事実だと思います。　　　　　　　　　　　　　（新卒採用18年目、技術開発、YY氏）

　こうした発言からは、相談を受けたり指導したりする立場から、つきあいの長い新卒採用者のほうが信頼してコミュニケーションをとれることが理解できる。5年のつきあいの人と10年以上のつきあいの人では、相談できる範囲や深さが異なろう。そのため新卒採用者の方が、信頼できる相談相手により重要で深い内容まで相談できると推測できる。本来ならば、中

途採用者のほうがそのような相談をしたいが、それができる深い人間関係を構築できていない「中途ジレンマ」がここにも見てとれる。

6 中途採用者と新卒採用者の比較分析のまとめ

新卒採用者と、中途採用者の信頼できる相談相手（適応エージェント）の質的相違について分析してきた。分析の結果、新卒採用者と中途採用者の適応エージェントの性質は異なることが示された。それをまとめたのが、図表4‐13である。

図表4‐13　中途採用者と新卒採用者の適応エージェントに関する
比較分析のまとめ

比較軸	新卒採用者	中途採用者
相談相手の所属	同一部署、他部署	同一部署、会社外
相談相手の採用方法	新卒採用、中途採用	中途採用
相談相手の個人属性	役職者	中途採用の同期
相談相手との接触頻度	ほぼ毎日	月1程度
相談相手との知人期間	10年以上	3〜5年程度

分析の箇所でも論じてきたが、中途採用者は仕事の経験や知識、社内の人的ネットワークは乏しい。円滑に組織に再適応し、パフォーマンスを発揮するためには、社内の自部署以外にもネットワークを構築し、仕事の情報や知識を増やすことが求められる。そのためには、組織内に1人でも多くの信頼できる相談相手を作ることが重要であり、その相談相手は、役職者のほうが有意義である。

組織は、中途採用者の適応エージェントの性質を把握し、中途採用者により良い適応エージェントを提供することが求められる。

考察

環境適応に不可欠な適応エージェント

　中途採用者と新卒採用者の適応エージェントは、質的に異なることが示された。

　Fisher（1986）は、新人と社会化エージェントとの関係性をとらえる変数として、「質」「数」「選択権の帰属」の３つをあげている。この３つの観点から中途採用者の適応エージェントについて考察していきたい。

1 適応エージェントの「質」
役職者（上司）の果たす役割は大きい

　本章の分析から、中途採用者は、同じ中途採用者と相談し合う傾向にあることがわかった。当然、そのような類似性が高い存在も重要であるが、そのような存在だけではなく、他部署、会社外、役職者など、多様な性質を持った多くのエージェントとの関係性を構築することが重要である。そのような多様性のある適応エージェントを持つことで、異なる効果を得ることが可能となり（Louis、1990; 尾形、2013a,b）、新しい環境への円滑な再適応を促進することができる。

　とりわけ中途採用者の適応エージェントとして重要になるのが、役職者である上司である。働く個人の組織への適応や組織内キャリア発達に上司の果たす役割は大きいことが、多くの実証研究で明らかになっている（たとえば、中原、2010; 尾形、2013a, b; 竹内・竹内、2011; 若林・佐野・南、1980など）。長く所属している新卒採用者からすれば、中途採用者は“よそ者”ととらえられる傾向がある。それゆえ、中途採用者から新卒採用者にコンタクトを取ることはむずかしい。そのような中途採用者には、影響力のある上司から人的ネットワークの構築サポートが求められるし、さらに仕事面や精神面も含めた幅広いサポートの提供が求められる。それが中途採用者のパフォーマンスの発揮と組織再適応を促進する。

2　適応エージェントの「数」　信頼できる相手は多いほどよい

「数」に関しても、当然のことながら信頼できる相談相手は、少ないよりも多いほうが良い。Fisher（1986）は、エージェントの数として最も良い環境は、複数のエージェントが存在していることと論じており、メンタリング研究においても、1対1の関係性よりも1対複数で形成される部分的メンタリングのほうがプロテジェ（メンタリングを受ける側）に良い影響を与えることが指摘されている（Higgins、2000）。自部署、他部署、会社外、同期、同僚、役職者など、多様な性質を持った多くのエージェントとの関係性を構築することが重要であろう。

　しかし、このような多様なエージェントとの関係性の構築には、多様なコストも要する。ただでさえ再適応課題が多い中途採用者が、多くのエージェントとの関係性を築くことに尽力しすぎ、それ以外の課題の克服が疎かにならないようにすることも重要である。また、このような多様な適応エージェントとの関係性を構築することが、ストレスとなってしまわないことにも注意が必要である。そうならないためにも、まずは1人の重要な適応エージェントとの関係性構築が重要であり、その人物をコネクターとして社内での人的ネットワークを広めていくことが有益である。

3　適応エージェントの「選択権の帰属」　選択権は中途採用者に。　むずかしければ組織からサポートも

「選択権の帰属」に関しては、中途採用者はある程度の社会人経験もあり、それなりのパフォーマンスを発揮してきた個人であるため、誰が信頼でき、誰に相談するかは、自分自身で選択できよう。中途採用者の場合、適応エージェントの選択権の帰属は、中途採用者自身にあるのが最適である。

　しかしながら、中途採用者の誰もがそれをできるわけではない。本調査でも、自分自身でネットワークを構築・活用できない中途採用者も多かった。そのような中途採用者の組織不適応を抑制するためにも、組織の側から適応エージェントを提供するなどの組織サポートも重要である。組織から適応エージェントを提供する場合も、役職者がむずかしいならば、どのような人物を適応エージェントとして割り当てるのか、提供する適応エー

ジェントの人物像、影響力、モチベーションなども考慮して、仕事の知識や組織の文化を的確に教授し、組織内の人的ネットワークを広げてくれるコネクター役にもなれる人物を指名することが重要である。

第4章のまとめ

必要とされる中途採用者にとっての「良質な適応エージェント」

中途採用者と新卒採用者の適応エージェントと質的相違に関する分析を行なった。分析の結果、中途採用者と新卒採用者の適応エージェントは質的に異なることが明らかになった。

本来であれば、新しい環境に適応するためには、中途採用者のほうが良質で、充実した適応エージェントの存在が重要になるが、現実はそれとは反対の結果となった。

組織として中途採用者の適応エージェントを把握し、良質なエージェントを得られていなければ、組織から提供することが求められる。

第5章

中途採用者の能力を
引き出す職場環境を
デザインする

組織再適応を促進／
阻害する要因の検証

本章の目的

　本章の目的は、中途採用者499名に対する質問票調査から得られた量的データを分析することで、中途採用者の組織再適応を促進／阻害する要因は何かを統計的に検証することにある。

　ここまでは、中途採用者の組織再適応課題や組織内人的ネットワークの効果とそれを構築・広範化する要因、適応エージェントなどについて理解することができた。そこで本章では、以上の分析結果や先行研究を参考に、中途採用者の組織再適応を促進／阻害する要因は何かをより大規模な量的な調査データから検証することにしたい。

　本章では、中途採用者の組織再適応を「貢献実感」「仕事フィット」「職場フィット」の３つでとらえ、それらに影響を及ぼす要因として、「予期的社会化」「個人要因（行動)」「組織・職場要因」「上司・同僚要因」「職務要因」「職務ストレス」を取り上げている。

　499名の中途採用者に対する質問票調査から得られた量的データを分析することによって、中途採用者の組織再適応を統計的に検証し、その理解を深めることが可能になる。

組織再適応促進要因の提示と仮説

中途採用者の組織再適応に関する「8つの仮説」

　尾形（2020）では、若年就業者の組織適応に入社する組織や仕事に関する事前知識（予期的社会化）が、重要な役割を果たしていることが示されている。中途採用者においても、自分が入社する会社や携わる仕事の知識が事前にあることは、転職後の円滑な組織再適応を可能にする。第5章では、この予期的社会化（anticipatory socialization）の下位次元として「事前知識と経験」と「RJP」を用いることにした。

　予期的社会化とは、組織社会化の前段階を表現したものである（Van Maanen,1976）。組織社会化とは、職場へ参入した新人が組織の役割を想定するのに必要な社会的知識や技術を習得し、組織の成員となっていくプロセスを言う（Van Maanen、1976）。それは長い時間を経て達成されるものであり、組織に入ってから開始されるものではない。個人が生まれ育った家庭環境や地域、学校教育、採用プロセスなどの影響によって、組織に参加する前から社会化ははじまっているというのが、予期的社会化論の主張である。

　つまり、組織参入前の事前知識が重要な役割を果たすということである。中途採用者は、特に前職との関連性／非関連性が組織への再適応に重要な役割を果たすと考えられる。それゆえ、予期的社会化の1つめの下位次元として、「事前知識と経験」を用いることとした。

　2つめの下位次元は「RJP」である。予期的社会化に影響を与える組織的情報源に関して、経営の実践にも有益な知見を提供しているのが、採用プロセスでの情報提供に関するものである。その代表的な研究として、Wanous（1973、1992）の一連の研究があげられる。Wanousは、職場参入に先立って新人が抱く仕事への期待が、採用プロセスの間に膨張され、それが現実の組織に参入することで幻滅感（リアリティ・ショック）につながり、離職行動を引き起こすと主張した。Wanousは、そのような離職行動を抑制するためには、採用候補者が職場参入前に抱く非現実的な期待を抑制することが必要であると指摘し、そのためには採用プロセスの際にネガ

ティブな側面も含めた、現実に基づく正確な職務情報を提供することを提唱した。それがRJP（realistic job preview：現実主義的な職務の事前説明）である。つまり、転職活動中に、転職先企業からネガティブな側面も含めた正確な事前情報が提供されていたかどうかが、中途採用者の組織再適応に影響をおよぼすと考えられる。

それゆえ、仮説1を提示することができる。

仮説1：予期的社会化（「事前知識と経験」と「RJP」）は、中途採用者の組織再適応に正の影響をおよぼすだろう。

尾形（2020）は、若年就業者の組織適応に重要な役割を果たす要因として、若年就業者自身の行動をあげている。そこではプロアクティブ行動に焦点を当て、その下位次元として革新行動、ネットワーク活用行動、フィードバック探索行動、積極的問題解決行動の4つが若年就業者の組織適応にどのような影響をおよぼしているのかを分析している。その結果、より多くのプロアクティブ行動をとっている若年就業者の組織適応状態が良いことが示され、プロアクティブ行動が若年就業者の組織適応に有意義であることが示されている。また、本書の第2章や第3章でも中途採用者の組織内人的ネットワークの重要性が論じられており、中途採用者自身のネットワーキング行動が組織再適応に重要な役割を果たすことが示された。

本章では、上述の内容をふまえ、中途採用者に有意義なプロアクティブ行動の下位次元として「ネットワーキング行動」と「フィードバック探索行動」の2つを取り上げることとした。一連の分析結果からも中途採用者は、組織内の人的ネットワークを構築・広範化することが重要な再適応課題であると示されているように、「ネットワーキング行動」は中途採用者自身の組織再適応を促進すると考えられる。

また、中途採用者自身が自ら積極的に上司や同僚からフィードバックを求めることで、仕事の知識や職場内の重要な他者が誰であるかに関する情報も増え、組織再適応促進するであろう。

それゆえ、以下の仮説2を提示することができる。

仮説2：中途採用者自身のプロアクティブ行動（「ネットワーキング

行動」と「フィードバック探索行動」）は、中途採用者の組織再適応
に正の影響をおよぼすだろう。

　第1章でも論じたように、中途採用者の組織への再適応には組織からの
サポートは欠かせない。中途採用者の再適応課題として、知識やスキルの
習得があげられており、それには研修（Off-JT）や職場での教育（OJT）な
どの教育機会が重要である。実際に働く職場で受ける教育は、仕事の知識
やスキルの習得以外にも、暗黙のルールの理解や同僚との関係性の構築な
どにも有意義である。また、第2章で、研修が中途採用者の組織内人的ネッ
トワークの構築・広範化に効果があると示されている。
　それゆえ、以下の仮説3を提示することができる。

仮説3：中途採用者が受ける教育機会は、中途採用者の組織再適応に正の影響をおよぼすだろう。

　中途採用者の組織内人的ネットワーク構築の促進要因として、情報共有
できる「場」を設定することがあげられた（第3章）。そのような「場」
が増えれば、職場内のコミュニケーションが活発になり、仕事の知識やス
キル、職場の暗黙のルールの理解などが高まり、組織への再適応が促進さ
れると考えられる。
　また、第2章での分析結果から、職場での対面コミュニケーションが、
中途採用者の人的ネットワークの構築に重要であることが示された。尾形
（2020）も、若年ホワイトカラーの組織適応には、職場のコミュニケーショ
ン風土が重要な役割を果たしていることが示されている。
　それゆえ、仮説4を提示することができる。

仮説4：中途採用者が所属する職場のコミュニケーション風土は、中途採用者の組織再適応に正の影響をおよぼすだろう。

　中途採用者の組織再適応には多くの課題があり、それを中途採用者1人
で克服するのはむずかしい。身近で共に働き、会社や仕事の知識が豊富な
同僚はそのような再適応課題の克服に重要な役割を果たすと考えられる。

それゆえ、以下の仮説5を提示することができる。

仮説5：職場の同僚からのサポートは、中途採用者の組織再適応に正の影響をおよぼすだろう。

　職場では、同僚以外に重要な存在が上司となる。中途採用者には、適応エージェントやネットワーク構築に重要なコネクターの存在が重要であり、役職者がそのような役割を果たすことが有益であることが示されている。権限のある役職者であれば、他部署にも影響力を持つことができ、中途採用者の人的ネットワークの構築をサポートすることが可能になる。それは中途採用者のパフォーマンスにも有意義であり、組織への再適応を促進するであろう。第5章では、上司要因の下位次元として「上司サポート」と「上司フィードバック」の2つを取り上げることにした。それが、以下の仮説6である。

仮説6：職場の上司からのサポート（「上司サポート」と「上司フィードバック」）は、中途採用者の組織再適応に正の影響をおよぼすだろう。

　尾形（2020）は、若年就業者の組織適応に重要な役割を果たす要因として、若年就業者が携わる仕事の特性をあげている。具体的には、職務自律性やタスク重要性が高い仕事に携わっている個人の適応状態が良好であることを日本企業2社の若年就業者を対象とした調査から明らかにしている。
　職務自律性が高い仕事であれば、自分の判断でさまざまな状況に対応でき、試行錯誤を繰り返して仕事に取り組むことができる。そのような試行錯誤から多くの知識やスキルを習得することが可能になり、組織への適応を促進させることができる。
　また、重要なタスクに取り組むことで、そのタスクを達成するために、多くの同僚に相談したり、積極的に学習に取り組んだりすることで、社内の人的ネットワークが広がったり、仕事の知識やスキルを習得することが可能になる。それが組織への再適応を促進させる。そこで、中途採用者の組織再適応に影響をおよぼす仕事の特性の下位次元として、「職務自律性」

「課題解決」「タスク重要性」の３つを取り上げることとした。

仮説７：中途採用者が携わる仕事の特性（「職務自律性」「課題解決」「タスク重要性」）は、中途採用者の組織再適応に正の影響をおよぼすだろう。

　職務の特性が、中途採用者の組織再適応に影響をおよぼすのであれば、自分の携わる仕事から感受するストレスは、組織再適応を阻害する可能性が高い。尾形（2020）では、ワークストレスのスコアの高い若年就業者は、組織への適応状態が悪いことが示されている。中途採用者であれば、第１章で示されたように多くの再適応課題や中途採用者ならではのストレスが存在しているため、職務ストレスが組織への再適応／不適応を左右する要因として考えられよう。

　本章では、中途採用者が直面しそうな職務ストレスとして「精神的プレッシャー」を提示する。中途採用者は、将来性を買われる新卒採用者とは異なり、即戦力としてとらえられている。中途採用者自身もそれは理解しているため、「早く職場に貢献しなければ」という意識も高い。それが「精神的プレッシャー」と言える。多くの中途採用者にこの「精神的プレッシャー」がつきまとうと考えられる。

　また、即戦力と関連するが、すぐに責任の大きな仕事や知識・スキルレベルの高い仕事を任される可能性も高い。中途採用者は、まず新しい環境での再適応課題を克服しなければならない。再適応課題と職務課題の双方の負担（役割過負荷）は大きく、中途採用者の職務ストレスになり、彼らの組織再適応に影響をおよぼすと考えられる。

　それゆえ、仮説８を提示することができる。

仮説８：中途採用者が感受する職務ストレス（「精神的プレッシャー」と「役割過負荷」）は、中途採用者の組織再適応に負の影響をおよぼすだろう。

　以上の８つの仮説を本章において検証したい。

調査対象と調査方法

中途採用者499名に対する質問票調査

1 　調査対象　転職して1年後の正社員499名に調査を実施

　調査はエン・ジャパン株式会社の協力のもと、2019年７月から９月までの３カ月間で質問票調査が実施された。調査対象者は、多様な業界、企業、業種に転職した個人499名である。性別は男性が341名、女性が158名、年齢は10代が３名、20代が265名、30代が123名、40代が75名、50代が33名となっている。

　アンケートに対する回答は、質問に対して「ほとんど当てはまらない」の１から「非常によく当てはまる」の５までの５点尺度で測定している。

2 　質問項目と因子分析　「貢献実感」「仕事フィット」「職場フィット」の３つの尺度で組織再適応を測定

■ 「組織再適応（成果変数）」の質問項目と因子分析

　まずは、成果変数となる組織再適応に関する質問項目と因子分析の結果である。組織再適応は、６項目で因子分析を行なった（主因子法・プロマックス回転）。その結果、6つの質問項目が３つの因子に分かれた（図表５‐１）。

　第１因子は「個性や自分らしさが発揮できる仕事だ」と「自分の能力やスキルを活かせる仕事だ」の２つがまとまったため「仕事フィット」と名づけた。第２因子は「職場に貢献できている実感がある」と「仕事で周りから感謝されることがよくある」の２問がまとまったため「貢献実感」と、第３因子は「職場の同僚との関係性は良好だ」と「職場の雰囲気は自分に合っている」の２つがまとまったため「職場フィット」と名づけた。

　３つの合成尺度すべてで、天井効果（平均値＋標準偏差＞５）とフロア効果（平均値＋標準偏差＜１）は確認されなかった。第１因子の「仕事フィット」の信頼性係数は .776、第２因子の「貢献実感」の信頼性係数は .709、第３因子の「職場フィット」の信頼性係数は .724となった。本章では、

図表5‐1　組織再適応（成果変数）に関する因子分析結果

	因子			共通性
	1	2	3	
個性や自分らしさが発揮できる仕事だ	**.863**	-.154	.081	.695
自分の能力やスキルを活かせる仕事だ	**.721**	.224	-.087	.670
職場に貢献できている実感がある	-.076	**.921**	-.041	.731
仕事で周りから感謝されることがよくある	.137	**.480**	.188	.503
職場の同僚との関係性は良好だ	-.051	-.028	**.846**	.633
職場の雰囲気は自分に合っている	.170	.078	**.558**	.546
回転後の負荷量平方和	2.534	2.161	2.298	
因子間相関				
第1因子	1.000			
第2因子	.627	1.000		
第3因子	.711	.550	1.000	

因子抽出法：主因子法のプロマックス回転
5回の反復で回転が収束

この３つを用いて中途採用者の組織再適応をとらえていく。

❷「予期的社会化」の質問項目と因子分析

　予期的社会化は、４項目で因子分析を行なった（主因子法・プロマックス回転）。その結果、４つの質問項目が２つの因子にわかれた（図表5‐2）。
　第１因子は、「現在の業務に必要な知識・スキルを入社前から持っていた」と「現在の業務に必要な経験を入社前にしていた」の２つがまとまったため、「事前知識と経験」と名づけた。第２因子は、「選考中に面接官から自社のネガティブな面についても率直に説明された」と「選考中に会った社員は自社の実態についてありのままの情報を提供してくれた」の２問がまとまったため「RJP」と名づけた。
　２つの合成尺度とも、天井効果（平均値＋標準偏差＞５）とフロア効果（平

図表5‐2　予期的社会化に関する因子分析結果

	因子		共通性
	1	2	
現在の業務に必要な知識・スキルを入社前から持っていた	**.852**	−.010	.721
現在の業務に必要な経験を入社前にしていた	**.849**	.010	.725
選考中に面接官から自社のネガティブな面についても率直に説明された	.001	**.630**	.397
選考中に会った社員は自社の実態についてありのままの情報を提供してくれた	.000	**.625**	.390
回転後の負荷量平方和	1.495	.878	
因子間相関			
第1因子	1.000		
第2因子	.249	1.000	

因子抽出法：主因子法のプロマックス回転
３回の反復で回転が収束

均値＋標準偏差＜１）は確認されなかった。第１因子の「事前知識と経験」の信頼性係数は .838，第２因子の「RJP」の信頼性係数は .564となった。

3 「個人要因（行動）」の質問項目と因子分析

　個人要因（行動）は、４項目で因子分析を行なった（主因子法・プロマックス回転）。その結果、4つの質問項目が2つの因子にわかれた（図表5‐3）。
　第1因子は「仕事の成果を高めるために、上司や同僚に積極的にアドバイスやフィードバックを求めている」と「自分自身が成長するために、上司にアドバイスやフィードバックを頻繁に求めている」の2つがまとまったため「フィードバック探索行動」と名づけた。第2因子は「社内での人間関係を広げようと積極的に動いている」と「自らの社内ネットワークを通じてさまざまな情報を得ている」の2問がまとまったため「ネットワーキング行動」と名づけた。
　2つの合成尺度とも、天井効果（平均値＋標準偏差＞5）とフロア効果（平

図表5‐3 個人要因（行動）に関する因子分析結果

	因子		共通性
	1	2	
仕事の成果を高めるために、上司や同僚に積極的にアドバイスやフィードバックを求めている	**.905**	-.034	.775
自分自身が成長するために、上司にアドバイスやフィードバックを頻繁に求めている	**.706**	.154	.682
社内での人間関係を広げようと積極的に動いている	-.012	**.753**	.554
自らの社内ネットワークを通じてさまざまな情報を得ている	.187	**.483**	.402
回転後の負荷量平方和	2.035	1.794	
因子間相関			
第1因子	1.000		
第2因子	.737	1.000	

因子抽出法：主因子法のプロマックス回転
3回の反復で回転が収束

均値＋標準偏差＜1）は確認されなかった。第1因子の「フィードバック探索行動」の信頼性係数は、.838、第2因子の「ネットワーキング行動」の信頼性係数は、.634となった。

◢ 「組織・職場要因」の質問項目と因子分析

　組織・職場要因は、5項目で因子分析を行なった（主因子法・プロマックス回転）。その結果、5つの質問項目が2つの因子にわかれた（図表5‐4）。

　第1因子は、「職場では活発なコミュニケーションが行き交っている」「新しく入社する社員を歓迎する風土がある」「他のメンバーに対して躊躇なく自分の意見を発言できる職場だ」の3つがまとまったため、「コミュニケーション風土」と名づけた。第2因子は、「この1年間、業務に関する研修機会が十分にあった」と「この1年間、OJTを受ける機会が十分にあった」の2つがまとまったため「教育機会」と名づけた。

　2つの合成尺度とも、天井効果（平均値＋標準偏差＞5）とフロア効果（平

図表5‑4 組織・職場要因に関する因子分析結果

	因子		共通性
	1	2	
職場では活発なコミュニケーションが行き交っている	**.788**	.029	.648
新しく入社する社員を歓迎する風土がある	**.767**	.027	.612
他のメンバーに対して躊躇なく自分の意見を発言できる職場だ	**.640**	-.048	.377
この1年間、業務に関する研修機会が十分にあった	-.056	**.779**	.561
この1年間、OJTを受ける機会が十分にあった	.060	**.753**	.622
回転後の負荷量平方和	2.021	1.717	
因子間相関			
第1因子	1.000		
第2因子	.566	1.000	

因子抽出法:主因子法のプロマックス回転
3回の反復で回転が収束

均値＋標準偏差＜１）は確認されなかった。第１因子の「コミュニケーション風土」の信頼性係数は .745、第２因子の「教育機会」の信頼性係数は .781となった。

5 「上司・同僚要因」の質問項目と因子分析

　上司・同僚要因は、７項目で因子分析を行なった（主因子法・プロマックス回転）。その結果、７つの質問項目が３つの因子にわかれた（図表5‑5）。
　第１因子は、「上司は自分の話を真剣に聞いてくれている」「上司は質問や相談に対し、わかりやすく説明してくれる」「上司は私の仕事がうまく回るように社内外の人たちに協力依頼をしてくれる」の３つがまとまったため「上司指導とサポート」と名づけた。
　第２因子は、「上司は１対１で話す時間を定期的に作ってくれている」と「上司は私の仕事について、学習や成長を促すことを意識してフィードバックしてくれる」の２つがまとまったため「上司フィードバック」と名

図表5‐5　上司・同僚要因に関する因子分析結果

	因子			共通性
	1	2	3	
上司は自分の話を真剣に聞いてくれている	**.893**	-.079	.067	.780
上司は質問や相談に対し、わかりやすく説明してくれる	**.847**	.010	-.016	.712
上司は私の仕事がうまく回るように社内外の人たちに協力依頼をしてくれる	**.658**	.175	-.040	.589
上司は1対1で話す時間を定期的に作ってくれている	-.033	**.903**	-.040	.730
上司は私の仕事について、学習や成長を促すことを意識してフィードバックしてくれる	.181	**.620**	.117	.715
職場の同僚は、仕事で困ったときに有益なアドバイスをしてくれる	-.004	-.055	**.805**	.589
職場の同僚は、あなたが精神的につらいとき、支えになってくれる	.023	.084	**.672**	.556
回転後の負荷量平方和	3.467	3.065	2.783	
因子間相関				
第1因子	1.000			
第2因子	.729	1.000		
第3因子	.675	.644	1.000	

因子抽出法：主因子法のプロマックス回転
5回の反復で回転が収束

づけた。第3因子は、「職場の同僚は仕事で困ったときに有益なアドバイスをしてくれる」と「職場の同僚は、あなたが精神的につらいとき、支えになってくれる」の2つがまとまったため「同僚サポート」と名づけた。

　3つの合成尺度とも、天井効果（平均値＋標準偏差＞5）とフロア効果（平均値＋標準偏差＜1）は確認されなかった。第1因子の「上司指導とサポート」の信頼性係数は、.863、第2因子の「上司フィードバック」の信頼性係数は.819、第3因子の「同僚サポート」の信頼性係数は.720となった。

6 「職務要因」の質問項目と因子分析

　職務要因は、5項目で因子分析を行なった（主因子法・プロマックス回転）。その結果、5つの質問項目が3つの因子にわかれた（図表5‐6）。

図表5‐6　職務要因に関する因子分析結果

	因子			共通性
	1	2	3	
現在の仕事は進め方を自分で計画することができる	**.696**	.050	−.049	.467
現在の仕事には十分な自己裁量がある	**.637**	−.038	.153	.517
現在の仕事では、簡単には解決できない課題に直面する	.080	**.721**	−.134	.434
現在の仕事で直面する課題を解決するためには、これまでにない工夫やアイデアが必要だ	−.100	**.555**	.296	.562
現在の仕事は、社会にとって有意義な仕事である	.121	.013	**.581**	.440

回転後の負荷量平方和

因子間相関

第1因子	1.000		
第2因子	.249	1.000	
第3因子	.548	.659	1.000

因子抽出法:主因子法のプロマックス回転
5回の反復で回転が収束

　第1因子は、「現在の仕事は進め方を自分で計画することができる」と「現在の仕事には十分な自己裁量がある」の2つがまとまったため「職務自律性」と名づけた。第2因子は、「現在の仕事では、簡単には解決できない課題に直面する」と「現在の仕事で直面する課題を解決するためには、これまでにない工夫やアイデアが必要だ」の2問がまとまったため「課題解決」と名づけた。第3因子は、「現在の仕事は、社会にとって有意義な

仕事である」の1問のみとなったが、2つの因子とは異なる内容であり、なおかつ中途採用者の組織再適応に重要な変数だと考え、1問でも入れることにした。

　2つの合成尺度とも、天井効果（平均値＋標準偏差＞5）とフロア効果（平均値＋標準偏差＜1）は確認されなかった。第1因子の「職務自律性」の信頼性係数は.647、第2因子の「課題解決」の信頼性係数は.627となった。

７ 「職務ストレス」の質問項目と因子分析

　職務ストレスは、4項目で因子分析を行なった（主因子法・プロマックス回転）。その結果、4つの質問項目が2つの因子に分かれた（図表5‐7）。

図表5‐7　職務ストレスに関する因子分析結果

	因子 1	因子 2	共通性
ミスが許されないというプレッシャーのかかる仕事だ	**.847**	−.142	.571
仕事の目標達成へのプレッシャーが常にある	**.550**	.221	.520
残業が多い	−.127	**.791**	.503
常に多くの量をこなす必要のある仕事だ	.313	**.528**	.605
回転後の負荷量平方和	1.691	1.606	
因子間相関			
第1因子	1.000		
第2因子	.691	1.000	

因子抽出法：主因子法のプロマックス回転
3回の反復で回転が収束

　第1因子は、「ミスが許されないというプレッシャーのかかる仕事だ」と「仕事の目標達成へのプレッシャーが常にある」の2問がまとまったため「精神的プレッシャー」と名づけた。第2因子は、「残業が多い」と「常に多くの量をこなす必要のある仕事だ」の2問がまとまったため「役割過

133

負荷」と名づけた。

　2つの合成尺度とも、天井効果（平均値＋標準偏差＞5）とフロア効果（平均値＋標準偏差＜1）は確認されなかった。第1因子の「精神的プレッシャー」の信頼性係数は.676、第2因子の「役割過負荷」の信頼性係数は.662となった。

　以上をまとめたのが図表5‐8になり、変数の平均値と標準偏差、相関関係を示したのが図表5‐9になる。

　以上の変数を用いて組織再適応（貢献実感、仕事フィット、職場フィット）に影響をおよぼす要因は何かについて、重回帰分析を行う。

分析方法

重回帰分析で「貢献実感」「仕事フィット」「職場フィット」に影響をおよぼす要因を把握する

1　重回帰分析　組織再適応に影響をおよぼす要因

「貢献実感」「仕事フィット」「職場フィット」を成果変数として、これらに影響をおよぼす要因（独立変数）は何かを分析したのが図表5‐10である。

　分析の結果、「貢献実感」には「入社前知識と経験」（β =.215, p＜.001）、「ネットワーキング行動」（β =.113, p＜.05）、「フィードバック探索行動」（β =.224, p＜.001）、「コミュニケーション風土」（β =.199, p＜.001）、「タスク重要性」（β =.151, p＜.01）が有意な正の影響をおよぼしていた。その一方で、「上司フィードバック」（β = −.131, p＜.05）と「課題解決」（β = −.129, p＜.05）が、有意な負の影響をおよぼしていた。

　次に、「仕事フィット」には、「入社前知識と経験」（β =.186, p＜.001）と「ネットワーキング行動」（β =.194, p＜.001）、「フィードバック探索行動」（β =.135, p＜.01）、「職務自律性」（β =.157, p＜.001）、「課題解決」（β =.101, p＜.05）、「タスク重要性」（β =.174, p＜.001）が有意な正の影響をおよぼしていた。一方で、「精神的プレッシャー」（β = −.122, p＜.01）が有意な負の影響をおよぼしていた。

図表5‐8　分析で用いられる変数のまとめ

次元	変数	質問項目	信頼性係数
組織再適応（成果変数）	貢献実感	職場に貢献できている実感がある 仕事で周りから感謝されることがよくある	.709
	仕事フィット	自分の能力やスキルを活かせる仕事だ 個性や自分らしさが発揮できる仕事だ	.776
	職場フィット	職場の雰囲気は自分に合っている 職場の同僚との関係性は良好だ	.724
予期的社会化	事前知識と経験	現在の業務に必要な知識・スキルを入社前から持っていた 現在の業務に必要な経験を入社前にしていた	.838
	RJP	選考中に面接官から、自社のネガティブな面についても率直に説明された 選考中に会った社員は、自社の実態についてありのままの情報を提供してくれた	.564
個人要因（行動）	ネットワーキング行動	社内での人間関係を広げようと積極的に動いている 自らの社内ネットワークを通じてさまざまな情報を得ている	.634
	フィードバック探索行動	自分自身が成長するために、上司にアドバイスやフィードバックを頻繁に求めている 仕事の成果を高めるために、上司や同僚に積極的にアドバイスやフィードバックを求めている	.838
組織要因・職場要因	教育機会	この1年間、OJTを受ける機会が十分にあった この1年間、業務に関する研修機会が十分にあった	.745
	コミュニケーション風土	他のメンバーに対して躊躇なく自分の意見を発言できる職場だ 新しく入社する社員を歓迎する風土がある 職場では活発なコミュニケーションが行き交っている	.781
上司・同僚要因（適応エージェント）	同僚サポート	職場の同僚は、仕事で困った時に有益なアドバイスをしてくれる 職場の同僚は、あなたが精神的につらい時、支えになってくれる	.720
	上司指導とサポート	上司は自分の話を真剣に聞いてくれている 上司は私の仕事がうまく回るように社内外の人たちに協力依頼をしてくれる 上司は質問や相談に対し、わかりやすく説明してくれる	.863
	上司フィードバック	上司は私の仕事について、学習や成長を促すことを意識してフィードバックしてくれる 上司は私の仕事ぶりがより改善するための有益な情報を与えてくれる	.819
職務要因	職務自律性	現在の仕事は進め方を自分で計画することができる 現在の仕事には十分な自己裁量がある	.647
	課題解決	現在の仕事では、簡単には解決できない課題に直面する 現在の仕事で直面する課題を解決するためには、これまでにない工夫やアイデアが必要だ	.627
	タスク重要性	現在の仕事は、社会にとって有意義な仕事である	―
職務ストレス	役割過負荷	残業が多い 常に多くの量をこなす必要のある仕事だ	.662
	精神的プレッシャー	仕事の目標達成へのプレッシャーが常にある ミスが許されないというプレッシャーのかかる仕事だ	.676

図表5－9　平均値、標準偏差、相関関係

変数	M	SD	性別	①	②	③	④	⑤	⑥	⑦	⑧	⑨	⑩	⑪	⑫	⑬	⑭	⑮	⑯
性別ダミー	.683	.466																	
①貢献実感	3.125	.919	-.027																
②仕事フィット感	3.344	.909	.137*	.542**															
③職場フィット感	3.722	.814	.099*	.491**	.587**														
④入社前知識と経験	2.418	1.224	.055	.351**	.357**	.183**													
⑤RJP	3.170	.921	.091*	.255**	.331**	.377**	.172**												
⑥ネットワーキング行動	3.148	.866	.164**	.415**	.495**	.456**	.333**	.327**											
⑦フィードバック探索行動	3.377	.887	.056	.421**	.465**	.442**	.166**	.266**	.601**										
⑧教育機会	3.422	1.019	.060	.137**	.274**	.346**	.055	.362**	.139**	.227**									
⑨コミュニケーション風土	3.540	.883	-.030	.396**	.357**	.563**	.088*	.340**	.299**	.371**	.436**								
⑩同僚サポート	3.641	.932	.089*	.303**	.350**	.578**	.018	.338**	.320**	.422**	.466**	.604**							
⑪上司指導とサポート	3.851	.897	.028	.265**	.339**	.484**	.061	.285**	.216**	.405**	.373**	.498**	.554**						
⑫上司フィードバック	3.580	1.055	.103*	.157**	.324**	.434**	.026	.258**	.421**	.464**	.373**	.449**	.544**	.675**					
⑬職務自律性	3.419	.880	.106*	.342**	.457**	.384**	-.274**	.346**	.326**	.237**	.133**	.397**	.316**	.310**	.213**				
⑭課題解決	3.803	.862	.192**	-.029	.208**	.123**	-.011	.140**	.190**	.297**	.133**	.110*	.257**	.191**	.329**	.372**			
⑮タスク重要性	3.798	1.032	.138**	.291**	.426**	.380**	.096*	.317**	.293**	.373**	.307**	.305**	.380**	.403**	.394**	.382**	.236**		
⑯役割過負荷	3.253	1.045	.156**	-.025	.069	.026	.011	.048	.196**	.169**	.075	.033	.179**	.055	.090*	.090*	.194**	.257**	
⑰精神的プレッシャー	3.575	1.013	.183**	-.099*	-.025	.012	-.063	.067	.109*	.104*	.029	.232**	.095*	.055	.080	.090*	.607**	.544**	.535**

図表5‐10　中途採用者の組織再適応に影響をおよぼす要因に関する重回帰分析結果

		貢献実感	仕事フィット	職場フィット
個人属性	性別ダミー	-.047	.049	.045
予期的社会化	入社前知識と経験	.215***	.186***	.039
	RJP	.042	.038	.065
個人要因（行動）	ネットワーキング行動	.113*	.194***	.198***
	フィードバック探索行動	.224***	.135**	.041
組織・職場要因	教育機会	-.077	.055	-.004
	コミュニケーション風土	.199***	.032	.203***
上司・同僚要因	同僚サポート	.097	.044	.268***
	上司指導とサポート	.038	.035	.103*
	上司フィードバック	-.131*	.001	.024
職務要因	職務自律性	.078	.157***	.049
	課題解決	-.129*	.101*	-.015
	タスク重要性	.151**	.174***	.108*
職務ストレス	役割過負荷	-.010	-.066	-.060
	精神的プレッシャー	-.083	-.122**	-.095*
	F値	21.360***	27.165 ***	34.882***
	R^2	.399	.458	.520
	調整済みR^2	.380	.441	.505

*p <.05, **p <.01, ***p <.001
VIFはすべて問題なし

　最後に、「職場フィット」には、「ネットワーキング行動」（β =.198, p<.001）と「コミュニケーション風土」（β =.203, p<.001）、「同僚サポート」（β =.268, p<.001）、「上司指導とサポート」（β =.103, p<.05）、「タスク重要性」（β =.108, p<.05）が有意な正の影響をおよぼし、「精神的プレッシャー」（β = -.095, p<.05）が有意な負の影響をおよぼしていた。

　分析の結果から、中途採用者自身の「事前知識や経験」と新しい仕事とのマッチングが重要であるということが示された。その点を組織の側が採用時に見極めることが重要である。中途採用者自身も、転職後の組織再適応のことを考えれば、前職での経験や知識が生きる会社への転職が好ましいと言えよう。

　また、中途採用者の組織再適応には、第2章の分析結果と同様、中途採用者自身の「ネットワーキング行動」と「フィードバック探索行動」の重要性が認められた。

　さらに、携わる仕事の質（「タスク重要性」）が重要であることがわかった。そのため、どのような仕事を割り当てるのか、その役割を担う上司の果たす役割は重要になる。

　「職場のコミュニケーション風土」も重要であることも示された。中途採用者は、職場における円滑なコミュニケーションから多くのことを学ぶことができる。また、組織内の人的ネットワークも広がる。それゆえ、中途採用者が配属される職場の上司には、職場のコミュニケーションを活性化させることが求められる。

　最後に、中途採用者の「精神的プレッシャー」は、組織再適応を阻害する要因であることがわかった。即戦力としてとらえられる中途採用者ではあるが、まだ適応できていない状態で、レベルの高い仕事を与えてしまうと「精神的プレッシャー」となり、パフォーマンスを発揮できず、不適応となってしまう可能性が高くなる。

　中途採用者の組織への不適応は、組織にとっても採用コストの無駄になる。仕事経験のある中途採用者であっても、ある程度の準備期間は必要であり、徐々にレベルの高い仕事を与えていくような仕事の割り当てが重要である。上司はタスク重要性も意識しながら、中途採用者の再適応状態を把握し、それに応じた仕事の割り当てが求められるであろう。

　いずれにせよ、中途採用者の円滑な組織再適応には、中途採用者、人事部、上司、職場の同僚のそれぞれの行動やサポートが不可欠なものとなる。それをまとめたのが図表5‐11となる。

図表5‐11　分析結果のまとめ

要因	具体的項目	頻出回数	要因の主体
個人要因（行動）	ネットワーキング行動	3／3	中途採用者自身
職務要因	タスク重要性	3／3	上司（仕事の割り当て）
予期的社会化	入社前知識と経験	2／3	人事部（採用時）
個人要因（行動）	フィードバック探索行動	2／3	中途採用者自身
組織・職場要因	コミュニケーション風土	2／3	上司（職場のデザイン）
職務ストレス	（－）精神的プレッシャー	2／3	上司（中途採用者の再適応状態の見極めと仕事の割り当て）

※2つ以上、有意となった変数を掲載

考察

中途採用者の組織再適応を促進させるために

1　分析結果の考察　影響をおよぼす理由を探る

　中途採用者の組織再適応を促進させるために有意義な予期的社会化は、「入社前知識と経験」が「貢献実感」と「仕事フィット」に有意な正の影響をおよぼしていた。当然のことながら、「入社前の知識と経験」は、前職での仕事で得られた知識や経験を示しており、それが新しい職場での「貢献実感」や「仕事フィット」に影響をおよぼすことは理解しやすい。それゆえ、中途採用者を上手く再適応させるためには、前職が自社で携わる仕事と同じ仕事に携わっていた個人を採用することが有意義である。

　中途採用者の組織再適応を促進する個人要因としての行動は、「ネットワーキング行動」が「貢献実感」と「仕事フィット」「職場フィット」の3つのすべてに影響をおよぼしていた。また、「フィードバック探索行動」が「貢献実感」と「仕事フィット」の2つに有意な正の影響をおよぼしていた。つまり、中途採用者の組織再適応には、中途採用者自身の行動が重要であるということが理解できる。

第2章でも示されたように、「ネットワーキング行動」によって、社内の人的ネットワークを広げ、その人的ネットワークから会社や仕事の情報を得ることで、仕事の知識やスキルが習得でき、それが「貢献実感」や「仕事フィット」につながっていると考えられる。また、当然ながら、職場での人間関係も構築され、「職場フィット」にもつながる。

　「フィードバック探索行動」も仕事に関するフィードバックを求めることで仕事の知識やスキルを習得することが可能になり、「貢献実感」や「仕事フィット」につながると言えよう。

　中途採用者を円滑に組織に再適応させるためには、中途採用者自身が積極的に「ネットワーキング行動」や「フィードバック探索行動」をとれる環境を整えることが重要である。

　組織・職場要因では「コミュニケーション風土」が、「貢献実感」と「職場フィット」の2つに有意な正の影響をおよぼしていた。職場に上手くフィットするためには、多くの同僚とコミュニケーションをとらなければならない。職場のコミュニケーションが活発であれば、それは容易に達成されることになり、そのような職場でのコミュニケーションが、職場の一員となれたという一体感や受容感につながり、「貢献実感」や「職場フィット」を生み出すと考えられる。このような職場のコミュニケーション風土が、先の「ネットワーキング行動」や「フィードバック探索行動」を促進する職場環境になるとも言える。

　「同僚サポート」や「上司サポート」は、仕事面への影響よりも「職場フィット」に影響をおよぼしていることがわかった。同僚や上司からサポートを受け、そこで形成される人間関係が職場へのフィット感を生み出すと考えられる。

　さらに、中途採用者の組織再適応にとって、どのような仕事に携わるのか、その職務要因が重要な役割を果たすことがわかった。重要な仕事に携わる「タスク重要性」は、「貢献実感」を醸成しやすいし、重要な仕事を任せられることが「仕事フィット」につながると言えよう。また、重要な仕事を割り当てられることで、活発に同僚とコミュニケーションをとらなければならなくなる。そのような同僚とのコミュニケーションが、「職場フィット」を促進していると考えられる。「タスク重要性」は、中途採用者自身ではなく、仕事の割り当ての権限がある上司の役割が重要になる。

上司には、中途採用者が取り組む仕事の内容を意識した仕事の割り当てが
求められる。

　また、「職務自律性」や「課題解決」といった職務内容は、中途採用者
の「仕事フィット」に正の影響をおよぼすことがわかった。おそらく、「タ
スク重要性」も含むこの３つの特徴は、中途採用者が自分自身に与えられ
る仕事のイメージと合致するものと考えられる。中途採用者は、自律的に
仕事に取り組め、困難な課題の解決に取り組めるし、重要な仕事に携わる。
それが即戦力としての中途採用者が取り組む仕事のイメージなのかもしれ
ない。

　しかし、その一方で「課題解決」は、「貢献実感」に有意な負の影響を
およぼしていた。職務要因の「課題解決」は、「現在の仕事では、簡単に
は解決できない課題に直面する」と「現在の仕事で直面する課題を解決す
るためには、これまでにない工夫やアイデアが必要だ」の２問で測定され
ている。この内容を考えると、転職してきて、すぐに困難な課題解決を求
められてもなかなか解決に導くことはむずかしいと言えよう。

　中途採用者自身は、自分が携わる仕事はそのような仕事とイメージして
いるが、すぐにそのような仕事で成果を出すことはむずかしく、「貢献実感」
は得がたいと考えられる。その点が、「仕事フィット」には正の影響で、「貢
献実感」には負の影響という分析結果になったと考えられる。
　「精神的プレッシャー」も、「仕事フィット」と「職場フィット」に有意
な負の影響を「貢献実感」にも有意傾向ではあるが、負の影響をおよぼし
ていた。中途採用者の組織再適応には、中途採用者固有のストレスやプレ
ッシャーが存在しており、それが組織再適応を阻害していることが理解で
きる。第１章でも論じたように、中途採用者は即戦力ととらえられ、ある
程度のパフォーマンスを発揮するものと期待されている。また、周囲の同
僚からは、「お手並み拝見意識」を持たれ、中途採用者自身も中途意識を
持つ。そのような中途採用者固有の状況や心理現象が、「精神的プレッシ
ャー」にもつながると考えられる。

　組織には、中途採用者の精神的プレッシャーの根源を理解し、そのよう
なプレッシャーを与えないような仕事の割り当てやそのプレッシャーから
解放させるサポートの提供が求められるであろう。

　興味深い結果を示したのが、上司フィードバックが「貢献実感」に有意

な負の影響をおよぼしていた点である。その点について考察したい。本調査での上司フィードバックは「成長をうながすことを意識してフィードバックする」や「仕事ぶりが改善するためにフィードバックを行う」で測定されており、その内容から考えれば、中途採用者のパフォーマンスが低調であるために上司がフィードバックをしているのだととらえられている可能性が高い。

　頻繁に教育を施したり、フィードバックを懇切丁寧にすることは、組織や上司からすれば、中途採用者の組織再適応を促進する目的で行なっているものと考えられるが、中途採用者の「中途意識」が敏感に反応し、「自分が良い成果を出せていないから、これほど指導されているのかもしれない」という意識につながっている可能性が考えられる。尾形（2020）は、新入社員の組織適応を促進させようと職場の先輩社員がしっかりと指導しようとすればするほど、その眼差しが新入社員のストレス（モニター・ストレス）につながり、組織適応を阻害してしまう現象を「組織適応パラドクス」という言葉で表現した。

　これは新入社員だけではなく、本章の分析結果から中途採用者にも当てはまることが示唆された。上司が成長を期待してフィードバックや指導を行えば行うほど、中途採用者の「貢献実感」に負の影響をおよぼしてしまう可能性がある。つまり、中途採用者への過剰なサポートは、それがストレスや負担となってしまう「サポート・パラドクス」が存在していると考えられる。それゆえ、中途採用者には、過剰なフィードバックやサポート、教育を施すよりも、前職での経験や知識を尊重しつつ自律性などを与えながら、適度な教育を施すことのほうが「貢献実感」には有意義になるのかもしれない。

　最後に、仮説とは異なり、「教育機会」がすべてに影響をおよぼしていなかった点について考察したい。中途採用者に対する教育は重要であると考えていたが、本章の分析では中途採用者の教育機会は、組織再適応に有意な影響はおよぼしていなかった。ここで考えられる点は、「教育機会」よりも「教育内容」が重要であるという点である。

　本章の分析では、教育を十分に受ける機会があったかどうかを問うている。中途採用者の組織への再適応を考える場合は、教育機会の有無以上にどのような教育が有益なのかを理解することのほうが重要であろう。その

ような中途採用者に有益な教育内容については、とらえることはできていない。分析結果からは、中途採用者の組織再適応を促進させるためには、多くの「教育機会」を設けることではなく、「教育内容」を有意義なものにすることが重要であるということが示唆された。

2 組織再適応の促進に向けて
中途採用者のエントリーマネジメント

　本章での分析結果について、採用から入社後という時間的プロセスを追って考えてみたい。まずは、採用時である。ここでは採用に関わる人事部が重要な役割を果たす。ここでは中途採用者の「入社前知識と経験」をしっかりと吟味することが重要となる。同時に、採用が決まった場合は、どのような仕事に携わるのか、ネガティブな面も含め、正確に情報を提供し、中途採用者の心理的レディネスを高めておくことが重要である。それが中途採用者の「精神的プレッシャー」を軽減することにつながる。

　次に、実際に入社した後は上司の役割が重要になる。まず、「タスク重要性」が中途採用者の組織再適応に重要な役割を果たすため、中途採用者が社会に貢献できていると感じられる仕事を割り当てることである。また、

図表5-12　中途採用者のエントリーマネジメント

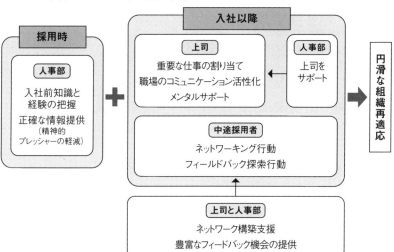

職場の「コミュニケーション風土」が重要な役割を果たすため、中途採用者と既存のメンバーが円滑にコミュニケーションをとれる環境をデザインすることが重要である。さらに、中途採用者が「精神的なプレッシャー」を負わないように、上司自身が中途採用者とコミュニケーションをしっかりととり、メンタルサポートを欠かさないことである。中途採用者を上手く組織に再適応させ、高いパフォーマンスを発揮させるためには、上司の役割は重要である。それゆえ、人事部には、しっかりと上司を教育・サポートすることが求められる。

　もちろん、中途採用者自身の要因も重要である。分析の結果、「ネットワーキング行動」と「フィードバック探索行動」といった中途採用者自身の行動が重要であることが示された。中途採用者は、自ら積極的に社内の人的ネットワークを構築する行動と上司だけではなく、同僚にも積極的にフィードバックを求める行動の双方が求められる。

　上司や人事部には、中途採用者がそのような行動をとれるようにネットワーク構築の支援やフィードバック機会を提供するといったサポートが求められる。

　このように組織として中途採用者の組織再適応をサポートする仕組みづくり（エントリーマネジメント）が重要になる。

第5章のまとめ

中途採用者の活躍には「中途採用者自身の行動」と「職場内のサポート」が重要

　第5章では、中途採用者499名に対する質問票調査の分析結果から中途採用者の組織再適応を促進／阻害する要因は何かを統計的に検証した。

　分析の結果、中途採用者の円滑な組織再適応には、前職との関連性、中途採用者自身のネットワーキング行動やフィードバック探索行動、携わる仕事の重要性、職場のコミュニケーション風土、精神的プレッシャーの軽減などが重要であることがわかった。これらには、人事部、上司、職場の同僚からのサポートが不可欠なものとなる。

第6章

オンボーディング施策の現状とその効果

中途採用者の組織への
定着を高めるマネジメント

本章の目的

　第6章の目的は、日本企業416社に質問票調査を実施し、中途採用者のオンボーディング施策の現状の把握と、中途採用者の組織再適応に効果的なオンボーディング施策は何かを検証することにある。

　新しく組織に参加する個人を円滑に組織に適応させるためには、組織からのサポートは不可欠である。そのような新しい環境に参加してくる個人をサポートし、組織に上手く適応させるための組織からのサポートをオンボーディング（On-boarding）と呼ぶ。

　On-boardingとは、「船や飛行機に乗っている」という意味であり、それを会社にたとえたものである。会社という乗り物に新しく加わった個人を同じ船（会社）の乗組員として馴染ませ、一人前にしていくプロセスのことである。

　労働力が乏しくなっていく日本の労働市場では、新入社員にせよ、中途採用者にせよ、上手く組織に適応させることが重要になる。中途採用者を生かし、期待通りのパフォーマンスを発揮させるためには、組織サポート（オンボーディング施策）の充実化は欠かせない組織課題である。

オンボーディング施策をとらえる
3つのフレームワーク

1 オンボーディングの定義
新人・中途採用者が組織に適応するための働きかけ

まずはオンボーディングの定義を見ていこう。Klein and Polin（2012）は、オンボーディングを「新人の適応を促進する組織やエージェントによって従事される公式、非公式な訓練、プログラム、政策」と定義している。この定義からも理解できるように、オンボーディングには、非公式なものまで含まれるため、広範でとらえがたいものであるが、新入社員や中途採用者など、新しく組織に参加してきた個人の円滑な適応をサポートするものすべてがオンボーディングということができる。

Klein and Polin（2012）では、オンボーディングと類似概念を比較し、その定義をより明確なものとしている。以下では、オンボーディングと類似概念との相違について見ていくことにしたい。

■1 「オンボーディング」と「組織社会化」は区別すべき概念

Klein and Polin（2012）は、オンボーディングと組織社会化は、区別されるべき概念であると主張している。組織社会化は、従業員が職場の新しい仕事や役割、文化について学習し、適応していくプロセス（Van Maanen, 1976）であり、それは個人の中で生じるものである。

一方で、オンボーディングとは、新人の適応を促進させる組織やそのエージェントによって制定されたり、従事されたりするすべての公式・非公式な実践、プログラム、政策のことを言う（Klein and Polin, 2012）。具体的にオンボーディング施策は、(a) 新人の不確実性や曖昧性、新しい仕事や環境に付随する不安を低減し、(b) ソーシャルキャピタルと関係性を構築することで、新しく組織に参加した個人の環境適応を促進するものである（Klein and Polin, 2012）。

以上のように、組織社会化は組織内だけではなく、人生を通じて継続される長期的なプロセスであり（Van Maanen, 1976）、個人の中の成果であるのに対し、オンボーディングは、特定の組織内における数時間から数カ月にわたる時間軸のもので（Klein and Polin, 2012）、組織社会化に影響をおよぼす要因であると言える。その点で組織社会化とオンボーディングは異なる概念である。

❷ 異なる概念「オンボーディング」と「オリエンテーション」

オンボーディングとオリエンテーションも異なる概念である（Klein and Polin, 2012）。オンボーディングは、全従業員に対して、ある制約された条件下で行われるものであり、より広範な意味を持つ。

一方で、オリエンテーションは、数時間から数日におよぶ公式的なオンボーディングプログラムの中の特定の活動と言うことができ（Klein and Polin, 2012）、オンボーディングの中の具体的な活動が、オリエンテーションと言うことができる。

❸ 「オンボーディング」は「社会化戦術」（socialization tactics）とも異なる

オンボーディングは、社会化戦術とも異なる（Klein and Polin, 2012）。社会化戦術は、いかにして新人を社会化させるのかに関するやり方を表現したものであり、端的に表現すれば、会社の初期人材育成の方針・方策のことを表している。この社会化戦術を提唱したVan Maanen and Schein（1979）は、組織の社会化戦術を相互に対極な内容の6つの次元に分類している（図表6‐1）。

それぞれの組織が、新人に対してどのような社会化戦術を施すのかによって、新人の組織社会化に多様性が生じることになる。Klein and Polin（2012）は、この社会化戦術は組織が新人を社会化させることを助ける特定の活動ではなく、一般的な人材育成のアプローチに関連するフレームワークであると論じている。

一方で、オンボーディングは、組織やそのエージェントによって実行される実践、プログラム、政策や新人自身の経験すべてに関連するもので、オンボーディングのほうが、より個人の組織への適応に焦点が当てられた

図表6‐1　社会化戦術の6次元とその内容

社会化戦術の6次元	具体的な内容
集合的―個人的	集団として同じ経験をさせるのか、個々に独自の経験をさせるのか
公式的―非公式的	公式的訓練を受けるか、非公式に現場で訓練されるのか
規則的―不規則的	習得すべき役割への経路が明確に順序づけられているか、不規則な経路か
固定的―変動的	社会化過程のタイムテーブルが示されており、その通りに社会化されていくか、変動的に社会化されていくか
連続的―断絶的	指導者は新人と同じ役割に従事している個人か、関係のない役割に従事している個人か
付与的―剥奪的	新人がその役割に就く前から有する個人的特徴が保護されるか、それを否定し剥奪されるのか

出所：Van Maanen and Schein（1979）の内容をまとめ、筆者作成

ものであると言える。

2　オンボーディング施策のフレームワーク　3つの構成要素

　このようなオンボーディングの機能を3つに分類したのがKlein and Heuser（2008）である。Klein and Heuser（2008）は、オンボーディング施策の主要な目的に関する3つの構成要素をあげている。それが以下である。

（1）情報を与える（Inform）
（2）迎える（Welcome）
（3）導く（Guide）

　さらに、（1）の情報を与える（Inform）は次の3つに分類されている。

①コミュニケーション
②リソースの提供
③トレーニングプログラム

Klein and Polin（2012）は、そのフレームワークを詳細に論じており、

以下からその内容について見ていくことにしたい。

1 情報を与える（Inform）

1つめが「情報を与える（Inform）」である。これは新人に情報や道具を提供すること、また、新人の役割や組織について円滑に活動していく方法について学ぶことができる経験を提供することであり、多くのオンボーディング施策がここに含まれる。この「情報を与える（Inform）」の段階は、コミュニケーションとリソースの提供、トレーニングの3つの下位次元に分けられる。

（1）コミュニケーション

コミュニケーションは、パンフレットなどによって情報を伝えるワンウェイコミュニケーションと人事部員とのツーウェイコミュニケーションの双方が含まれている。この領域に関する研究は、a. 情報提供のタイプ（RJP）、b. 情報の多さ、c. 異なる情報源（社会化エージェント）の役割などの研究が多い。この中でも特に効果的なものは、マネジャーが新人と共に過ごす、まとまった時間を確保することであると論じている（Klein and Polin, 2012）。新人がマネジャーと共に過ごす時間を確保することで、マネジャーとの双方向のコミュニケーションが可能となり、直接多くのことを学ぶことができる。

（2）リソースの提供

これは、新人が利用可能な道具や援助を提供することである。例として、新人のために会社の詳細な部門の説明をしているウェブサイトや新人用のホットラインの存在などについて、情報を提供することをあげている。このようなリソースの存在が、新人の組織適応を促進する。

（3）トレーニングプログラム

これは、新人のスキルや知識の習得を促進させるために計画されるものを言う。ここには、オリエンテーショントレーニングや役職研修、キャリア開発プログラムも含まれている。このような組織からの公式的な情報提供は、新人の組織適応を促進する。

☑ 迎える（Welcome）

2つめが「迎える（Welcom）」である。これは新人を歓迎したり、新人と同僚が顔合わせできる機会を提供するなどのプログラムや制度のことである。

オンボーディング施策の大半が、情報面に焦点が当てられているInform行動に対して、歓迎行動は新人の感情面と人間関係の構築の双方にとって重要である（Klein and Polin, 2012）。新人がサポートを認識し、感謝され、歓迎されていると感じられることは重要であり、共に仕事をする同僚だけではなく、より広い範囲で関係性構築を支援する必要性がある。このWelcom行動は、社会的関係と職業的関係の双方の関係性構築を促進する重要な役割を果たす。ここで得られる受容感は、新人の組織への適応に重要な役割を果たす。

☑ ガイド

3つめが「導く（Guide）」である。新人のトランジションをサポートする個人的な指南役（ウェルカムコーディネーターや同僚のバディ）を提供することが「導く（Guide）」である。組織社会化の研究領域で、組織社会化を促進するものを社会化エージェントと呼ぶが、そこで頻繁に出てくるのが、新人と接する機会の多い人事部の代表者、同僚、上司、メンターの4つである。その中でもバディシステム（buddy system）の研究は多く、その有効性が示されている。バディは最もアクセスしやすい資源であり、暗黙的なルールや暗黙知の学習などの意味形成を促進する最も親しい存在であり、新人の組織適応に重要な役割を果たす（Klein and Polin, 2012）。

以上のオンボーディングのフレームワークと具体的な内容をまとめたのが次頁の図表6‐2になる。

3　研究の概観　「オンボーディング施策」7つの主張

オンボーディングに関する研究は、研究者と実務家の双方から研究が行われている。Klein and Polin（2012）によると、実務家のオンボーディングに関する研究は、3つのカテゴリーに分類されるという。1つめのカテゴリーが、コンサルティングファームが自社のクライアントについて論じ

図表6‐2 Inform‐Welcom‐Guideカテゴリーと具体的行動

I n f o r m	■コミュニケーション：新人とのコミュニケーションを促進する計画された努力―ワンウェイメッセージの提供と対話の機会の双方を含む ・私は上司と質疑応答できる会に参加した。 ・私は上司に合わせてもらった。 ・上司は私のためにまとまった時間を確保してくれる。 ・私は人事部の代表者と会った。 ■リソース：新人が利用できる道具や援助を用意する ・会社が社員のために有しているウェブサイトで物事を見つける方法を示された。 ・自分自身の成長機会を概説する初期計画を与えられた。 ・会社全体で使われている略語や流行語の用語集を与えられた。 ・新しい従業員のために特別に設計された会社のWebサイトのセクションに誘導された。 ・社内の重要な人物の名前と連絡先のリストを与えられた。 ・専用のワークスペースが準備された（すべての供給品、道具、設備を含む）。 ■トレーニング：スキルや行動、知識の体系的な獲得を促進する計画された活動 ・新しい従業員のためのビデオを見た。 ・しばらくの間、同僚の仕事ぶりを観察することを促された。 ・自分自身の仕事に関するOJTを受けた。 ・会社の施設を見学した。 ・他の新採用者と一緒にオリエンテーションプログラムを受講した。 ・オンラインのオリエンテーションプログラムを完遂した。 ・特定の手順に従うタスクに精通した同僚からプレゼンテーションが行われるセッションに参加した。
W e l c o m e	■新人に組織内の他のメンバーと会う機会を与える、あるいは新人の入社を歓迎する ・上司（シニアリーダー：部長）から個人的な歓迎の電話、メール、手紙を受け取った。 ・直属の上司から個人的な歓迎の電話、メール、手紙を受け取った。 ・歓迎道具一式を受け取った。 ・同僚を知るためのプログラムに参加した。 ・私のために同僚を集める場（ミーティングや歓迎ランチ会）を設けてもらった。 ・歓迎会が開催された。 ・家族が仕事外で開催された社会的活動に招待された。 ・私の入社をメールやウェブサイト、ニューズレターなどで会社全体にアナウンスしてくれた。 ・会社のTシャツや会社の名前やロゴの入ったアイテムを送ってもらった。
G u i d e	■新人に個人的なガイド役を割り当てる ・自分の直属の上司よりも地位の高い人をメンター役として割り当てられた。 ・質問があれば連絡できる決まった個人（ウェルカムコーディネーター）が割り当てられた。 ・同僚がバディとして割り当てられ、疑問の解消をサポートしてくれた。

出所：Klein and Polin（2012）、p.270 より筆者作成

152

たものである。ここでは主に、オンボーディング施策の財務的インパクトを強調するものが多い。２つめのカテゴリーは、定期刊行物であり、企業の経験を報告し、新人のオンボーディングに時間とリソースを費やすことの重要性と利点を示すケーススタディを提供している。３つめのカテゴリーは、オンボーディング施策の問題点を強調するものや、オンボーディングのベストプラクティスを紹介する助言的なコラムである。そして、これらの実務家の主張を要約すると、以下の７つに要約できる（Klein and Polin, 2012）。

①オンボーディングはプロセスである。
②オンボーディングは組織文化を強化すべきである。
③オンボーディングはチーム努力である。
④オンボーディング施策を効果的にするためのテクノロジーの使い方。
⑤オンボーディング施策は新人に目的意識を与える。
⑥どのように効果的なオリエンテーションプログラムを設計するか。
⑦フィードバックチャネルを提供する（フィードバックの重要性）。

　以上の点からも、オンボーディングの重要性や計画的なデザインの重要性が理解できるが、実務的な報告書のほとんどがリサーチによる科学的根拠が乏しい（Klein and Polin, 2012）。

　そこで、科学的根拠に基づく研究が求められるが、研究者が行うオンボーディングに関する研究としても、その蓄積が多いわけではない。数少ないオンボーディングに関する研究として、Klein, Polin and Sutton（2015）があげられる。そこでは、Inform‐Welcom‐Guideフレームワークの効果検証を、373名（女性54.1％、平均年齢34.9歳、大卒以上79.4％）を対象に質問票調査で実施している。分析の結果、新人の組織適応には、「上司は私のためにまとまった時間を確保してくれる」（Informカテゴリー）、「しばらくの間、同僚の仕事ぶりを観察することを促された」（Informカテゴリー）、「仕事に関するOJTを受けた」（Informカテゴリー）、「同僚がバディとして割り当てられ、疑問の解消をサポートしてくれた」（Guideカテゴリー）が効果的であったことが示されている。

　また、多くのオンボーディング施策を受けている個人は上手く社会化さ

れており、効果的な施策は、非公式なものよりも公式的なオンボーディング施策のほうが多かったことも示されている。つまり、公式的で、手厚いサポートが重要であることが理解できる。

日本においては、新人を対象とした研修に関するものがいくつか見られる（尾形、2009; 尾形、2017）。しかし、中途採用者を対象としたオンボーディング施策に関する研究は、ほとんど目にすることはできない。

Klein and Polin（2012）は、今後求められる具体的研究内容を5つあげている。1つめは、特定のオンボーディング施策（What）、その最適なタイミング（When）、どのように実施するか（How）に関する研究である。特に、いつ（When）オンボーディング施策を提供すべきか、その適切なタイミングに関する研究が求められる。2つめは、組織社会化の次元(Chao et al., 1994)に影響をおよぼす特定のオンボーディング施策に関する研究である（たとえば、Klein and Weaver, 2000）。3つめは、オンボーディング施策のレベル（組織、部門、職場、仕事）に関する研究である。4つめは、どのような新人にどのようなオンボーディング施策が適しているのか、新人の多様性に合わせた効果的なオンボーディング施策のマッチングに関する研究である。5つめは、オンボーディング施策に効果を発揮する組織要因（たとえば、組織文化とオンボーディング施策の関係性）に関する研究である。

今後、上記の5つの研究を蓄積していくことで、効果的なオンボーディング施策に関する知見を得ることができるであろう。

4 先行研究の問題点
数少ない「中途採用者のオンボーディング研究」

ここまで見てきたように、オンボーディングに関する研究の蓄積は、国内はもちろん、グローバルにも乏しいのが現状である。また、日本では、新人を対象とした研究は見られるが、中途採用者を対象としたオンボーディング研究は、ほとんど目にすることができない。さらに、Klein and Polin（2012）で示されているInform－Welcom－Guideフレームワークは、充実した内容となっているが、米国を基準として考えられているため、日本の人事制度や雇用慣行にフィットしない部分も多い。

それゆえ、本章では中途採用者の組織再適応に有効なオンボーディング

施策は何か、について検討していきたい。

調査対象と方法

中途採用を実施している
日本企業416社に質問調査を実施

　日本の中途採用者に対するオンボーディング施策の現状はどのようなものかを把握するために、日本企業416社に対してオンボーディング施策に関する質問票調査を実施した。

　調査はエン・ジャパン株式会社の協力のもと、2020年4月から5月までの2カ月間で実施された。

　回答者は「役員クラス」が77名（18.5％）、「事業部長・部長クラス」が90名（21.6％）、「課長・マネジャークラス」が108名（26%）、「係長・リーダークラス」が58名（13.9％）、「役職なし」が83名（20%）の合計416名となっている。

　業種は「IT・情報処理・インターネット関連」が63社（15%）、「メーカー」が69社（17%）、「商社」が28社（6.7％）、「不動産・建設関連」が54社（13%）、「金融関連」が5社（1％）、「コンサル関連」が2社（0.5％）、「流通・小売関連」が41社（9.9％）、「広告・出版・マスコミ関連」が10社（2.4％）、「サービス関連」が86社（20.7％）、「その他」が58社（13.9％）の合計416社となっている。

　416社の企業規模は、「1〜9名」が35社（8.4％）、「10〜29名」が62社（14.9％）、「30〜49名」が50社（12%）、「50〜99名」が74社（17.8％）、「100〜299名」が106社（25.5％）、「300〜999名」が56社（13.5％）、「1000名以上」が33社（7.9％）となっている。

　調査方法は、インターネットを用いた質問票調査を実施し、回収されている。

分析結果

「オンボーディング施策」の現状とその効果を考える

1 オンボーディングの記述統計分析 82.2%の企業が詳細を知らない現実

1「オンボーディング志向」の認知状況

まずは、「オンボーディング」という言葉が、どの程度浸透しているのかを把握したい。採用した社員の「受け入れから定着・戦力化」を早期に行うための施策である「オンボーディング」という言葉をご存知ですか？」という質問である。

回答企業の半数以上（236社（56.7％））が「知らない」と回答した。「名称だけ知っている」は単に耳にした程度であり、それを含めると82.2％の日本企業がオンボーディングについて、くわしく理解していないことが示された（図表6－3）。

図表6－3 日本企業のオンボーディング志向に関する記述統計

（単位：社）

回答	企業数	パーセント
1. 内容を含めて知っている	74	17.8
2. 名称だけ知っている	106	25.5
3. 知らない	236	56.7

しかしながら、これは「知っているか、知らないか」を表しているだけであり、「実施しているか、実施していないか」を表しているわけではない。実際は、導入研修など何らか施策を実施している企業が多いため、「用語の意味は知らないけど、実施はしている」というのが現状であろう。流行の言葉は知らなくとも実施していることが重要である。

次に、企業規模ごとに見てみたい（図表6－4）。

図表6‑4　オンボーディング志向の企業規模比較（単位：社）

回答	1〜9名	10〜29名	30〜49名	50〜99名	100〜299名	300〜999名	1000名以上	合計
内容を含めて知っている	4	7	9	14	20	11	9	74
名称だけ知っている	6	15	12	22	32	10	9	106
知らない	25 (71%)	40 (65%)	29 (58%)	38 (51%)	54 (51%)	35 (63%)	15 (45%)	236
合計	35	62	50	74	106	56	33	416

　分析の結果、比較的小規模の企業では「知らない」と回答した企業は多いが、300名から999名規模の企業でも「知らない」と回答した企業が63%もあり、企業の規模によってオンボーディング志向が異なるものではないということが言えよう。

❷ 中途採用者に対するオンボーディング施策の現状

　次に、日本企業が実施している中途採用者に対するオンボーディング施策の現状について、それぞれの施策を「実施している」か「実施していない」かのどちらかを選択してもらった。その結果が次頁の図表6‑5である。

　本調査で提示したのは13のオンボーディング施策である。この13施策のうち「実施している」と回答した企業が多かった施策は、「入社1カ月以内の導入研修」（275社：66.1％）が最も多く、次に「ランチや飲み会などの歓迎イベント」（269社：64.7％）、「ハラスメントなどの相談窓口の開設」（249社：59.9％）、「上司と中途入社者の定期的な面談」（245社：58.9％）、「職場内コミュニケーションの活性化の推進」（228社：54.8％）となった。この上位5施策が「実施している」と回答した企業の数が多く、それ以外の8施策は「実施していない」と回答した企業のほうが多くなっている。

　以上の結果からは、日本企業の中途採用者に対する組織的なサポートは希薄であると言うことができるであろう。

❸ オンボーディングを阻害する組織的要因

　では、なぜ企業は中途採用者に対してオンボーディング施策を講じることができないのか。その理由について示したい。

図表6-5　日本企業の中途採用者に対する
オンボーディング施策の現状

（単位：社）

具体的施策	実施している	実施していない
入社1カ月以内の導入研修	275（1）	141
入社2カ月目以降の継続的な研修	162（6）	254
ランチや飲み会などの歓迎イベント	269（2）	147
入社者に会社オリジナルグッズを配布	34（12）	382
メンターや相談役などの支援制度	147（9）	269
上司と中途入社者の定期的な面談	245（4）	171
人事と中途入社者の定期的な面談	127（10）	289
上司など受け入れ側に対する教育	122（11）	294
職場内コミュニケーションの活性化の推進	228（5）	188
中途入社者を社内プロジェクトや小集団活動に参加させる	149（8）	267
外部の離職防止サービスの導入	26（13）	390
ハラスメントなどの相談窓口の開設	249（3）	167
社内の情報ポータルサイトの開設	158（7）	258

（）内の数字は多い順からの順位

　本調査では、「中途採用者の「オンボーディング（定着・戦力化のための入社後の取り組み）」に力を入れていない理由を教えてください（複数回答可）」という質問を行い、その結果を阻害要因としてとらえることにしたい。その分析結果が図表6-6である。

「定着率が良い」と「上司のマネジメント力が高いから」はポジティブな内容であるが、回答数としては少なく、それ以上に問題点のほうが際立っていることが理解できる。

　3番めに多い「トップ（経営）がその重要性を理解していないから」に関しては問題であり、この状況が続くようであれば、いつまでたっても中途採用者の定着を促進させることはむずかしい。まずは、トップがその重要性を理解することが求められる。そのためには、トップにその重要性を示し、理解してもらうように現場や人事部から働きかけることが重要となる。

図表6‐6　中途採用者に対するオンボーディング施策の実施を
阻害する要因に関する記述統計

（単位：社）

順位	内容	回答数
1	予算や人員が足りないから	111
2	何から取り組めば良いかわからないから	97
3	トップ（経営）がその重要性を理解していないから	55
4	現場の理解や協力が得られないから	54
5	定着率が良いから	40
6	対策しても離職率は下がらないから	13
7	上司のマネジメント力が高いから	10

　また、最も多かった「予算や人員が足りないから」は「トップ（経営）がその重要性を理解していないから」と関連していると考えられる。トップにその重要性を理解してもらうことで、人員と予算を得ることができ、施策を実施することにつながるであろう。4番めの「現場の理解や協力が得られないから」もトップが現場に協力を指示すれば、現場は協力してくれる。

　結局、経営はトップの考え方が重要であり、トップの考え方次第で大きく変わる。トップが中途採用者の定着問題は重要な組織課題であると理解していれば、予算や人員も豊富になるし、何に取り組まなければならないか明確な指示も出る。また、トップの指示であれば「現場の理解や協力も得られる」はずである。それゆえ、いかにトップにその重要性を理解してもらうかが重要となる。しかし、それが最もむずかしいのかもしれない。

　2番めに多かった「何から取り組めば良いかわからないから」に関しては、本調査の結果を参考に施策を講じることが有益であろう。

オンボーディング効果の分析

施策は定着率・パフォーマンスへの影響が大きい

　次に日本企業のオンボーディング施策が中途採用者の組織再適応にどのような効果を発揮しているのかを統計的に検証していく。

「定着率」「パフォーマンス」比較
求められる中途採用者のオンボーディングへの注力

　ここからは、中途採用者のオンボーディングに力を入れている企業に限定し、その成果について分析を行いたい。

　そのためには、まず中途採用者のオンボーディングに力を入れているか、そうではないかを理解する必要がある。そこで、「貴社では中途採用者の「オンボーディング（定着・戦力化のための入社後の取り組み）」に力を入れていますか？」という質問を用い、オンボーディングに力を入れている企業とそうではない企業を分類することとした。その結果が図表6‐7である。

図表6‐7　日本企業におけるオンボーディングに関する現状

力を入れている	29社	170社
どちらかと言えば力を入れている	141社	
どちらかと言えば力を入れていない	126社	222社
力を入れていない	96社	

　「力を入れている」と「どちらかと言えば力を入れている」と回答した企業170社、「どちらからと言えば力を入れていない」と「力を入れていない」と回答した企業が222社という結果となった。この結果からも中途採用者のオンボーディングに、それほど力を入れていない企業のほうが多いことが理解できる。

　ここからオンボーディングに力を入れている企業170社と、力を入れていない企業222社の双方の中途採用者の「定着率」と「パフォーマンス」を比較することにしたい。中途採用者の「定着率」は、「貴社の中途入社者の定着率をどのようにとらえているか」という質問に対し、「定着率がとても悪い」の1から「定着率がとても高い」の5までで回答してもらったものを用いている。

　中途採用者の「パフォーマンス」は、「貴社の中途採用者のパフォーマンスをどのようにとらえているか」という質問に対し、「パフォーマンスがとても低い」の1から「パフォーマンスがとても高い」の5までで回答してもらったものを用いている。

両者のスコアの差の検定を行なったのが、図表6‐8である。

図表6‐8　差の検定の分析結果

変数	オンボーディング	度数	平均値	標準偏差	t値
中途入社者定着率	力を入れていない	222	2.824	.980	−3.625 ***
	力を入れている	170	3.200	1.064	
中途入社者パフォーマンス	力を入れていない	222	3.009	.624	−3.440 ***
	力を入れている	170	3.253	.746	

*p <.05, **p <.01, ***p <.001

　分析の結果、やはりオンボーディングに力を入れている企業のほうが、力を入れていない企業に比べて、中途採用者の「定着率」と「パフォーマンス」の双方においてスコアが高く、有意な差が生じていることが理解できる。つまり、オンボーディングに力を入れているかどうかが中途採用者の「定着率」や「パフォーマンス」に影響をおよぼしていることが考えられ、オンボーディング施策の重要性が理解できる。

　次に企業規模で、中途採用者の「定着率」と「パフォーマンス」に差が生じているのかを分析してみたい。企業規模は「1〜99名」までの企業(221社)と「100〜299名」までの企業(106社)、「300名〜1000名以上」の企業(89社)の3つに分類し、それぞれの中途採用者の「定着率」と「パフォーマンス」を比較した（一元配置の分散分析）。その結果が図表6‐9である。

図表6‐9　一元配置の分散分析の結果

変数	企業規模	度数	平均値	標準偏差	F値
中途入社者定着率	1〜99名	221	2.955	1.099	1.365
	100〜299名	106	3.123	0.963	
	300〜1000名以上	89	2.921	0.968	
中途入社者パフォーマンス	1〜99名	221	3.068	0.769	.847
	100〜299名	106	3.151	0.598	
	300〜1000名以上	89	3.169	0.695	

*p <.05, **p <.01, ***p <.001

　分析の結果、企業の規模によって中途採用者の「定着率」や「パフォー

マンス」には有意な差は生じていなかった。

つまり、企業の規模は関係なく、オンボーディングに力を入れているか、力を入れていないかが中途採用者の定着やパフォーマンスに重要であることがわかった。

「オンボーディング施策」の効果
「個人」「職場」「組織」の3つの観点から見る

次に、具体的なオンボーディング施策の効果について、分析していくことにしたい。ここからの分析は、オンボーディングに「力を入れている」と「どちらかと言えば力を入れている」と回答した企業170社を対象に分析していく。それにより、オンボーディングに力を入れている企業が、どのような成果を得ているのかを理解することができる。

1 分析モデル 「個人」「職場」「組織」レベルで効果を考える

分析は本章で提示した13のオンボーディング施策が、中途採用者の定着やパフォーマンス、さらに、職場レベルや組織レベルにどのような効果を発揮しているのかを分析したい。ここで用いられる成果変数は、中途採用者個人レベル（中途入社者の離職率の低下、中途入社者のパフォーマンスの向上）、職場レベル（中途採用者の所属部門の業績向上、中途入社者の配属された職場のコミュニケーションの活性化）、組織レベル（中途採用活動へのアピール）の3つのレベルへの効果を分析する。

2 測定尺度 オンボーディング施策が影響をおよぼす 5つの成果変数

独立変数は、オンボーディング施策であり、上記13のオンボーディング施策をダミー変数化（実施していない＝0／実施している＝1）して用いる。

成果変数はオンボーディング施策の組織的な成果となり、「中途入社者

の離職率の低下」「中途入社者のパフォーマンスの向上」「中途採用者の所属部門の業績向上」「中途入社者の配属された職場のコミュニケーションの活性化」「中途採用活動のアピール」の5つを取り上げた。

中途採用者の「オンボーディング（定着・戦力化のための入社後の取り組み）」で得られた成果を教えてください」という条件文を提示し、5つの成果変数のそれぞれに対して「そう思わない」の1から「そう思う」の5までの5点尺度で測定している。

分析は、重回帰分析（ステップワイズ法）を行なった。

3 分析結果 「メンター制度」と「受け入れ側の教育」が重要

その分析結果が図表6‐10である。

図表6‐10 オンボーディング施策の効果に関する重回帰分析（ステップワイズ法）結果

従属変数		影響をおよぼすオンボーディング施策	β	F値	R^2	調整済み R^2
個人（中途採用者）レベルの成果	中途採用者の離職率の低下	人事と中途採用者の定期的な面談	.246**	10.092 ***	.060	.054
	中途採用者のパフォーマンスの向上	メンターや相談役などの支援制度	.211**	7.374**	.044	.038
職場レベルの成果	中途採用者の所属部門の業績向上	上司など受け入れ側に対する教育	.219 **	7.487 ***	.087	.075
		メンターや相談役などの支援制度	.180 *			
	職場のコミュニケーション活性化	メンターや相談役などの支援制度	.245 **	6.653 ***	.113	.096
		上司と中途採用者の定期的な面談	.165 *			
		入社1カ月以内の導入研修	-.163 *			
組織レベルの成果	中途採用活動へのアピール	メンターや相談役などの支援制度	.216**	7.431 ***	.085	.074
		上司など受け入れ側に対する教育	.172 *			

*p <.05, **p <.01, ***p <.001
VIFはすべて問題なし

分析の結果、中途採用者レベルの成果である「中途採用者の離職率の低下」に有意な正の影響をおよぼしたのが「人事と中途採用者の定期的な面談」（β=.246, p <.01）、「中途採用者のパフォーマンスの向上」に有意な正の影響をおよぼしたのが「メンターや相談役などの支援制度」（β=.211, p <.01）という結果となった。

　次に、職場レベルの成果である「中途採用者の所属部門の業績向上」に有意な正の影響をおよぼしていたのが、「上司など受け入れ側に対する教育」（β=.219, p <.01）と「メンターや相談役などの支援制度」（β=.180, p <.05）の2つ、「職場のコミュニケーション活性化」に有意な正の影響をおよぼしていたのが、「メンターや相談役などの支援制度」（β=.245, p <.01）と「上司と中途採用者の定期的な面談」（β=.165, p <.05）の2つという結果となった。さらに、「職場のコミュニケーション活性化」に「入社1カ月以内の導入研修」（β=−.163, p <.05）が有意な負の影響をおよぼしていた。この点については、興味深い結果であり、後に考察を加えたい。

　最後に組織レベルの成果である「中途採用活動へのアピール」に有意な正の影響をおよぼしたのが、「メンターや相談役などの支援制度」（β=.216, p <.01）と「上司など受け入れ側に対する教育」（β=.172, p <.05）の2つという結果となった。

　以上の分析から、中途採用者の「離職率の低下」と「パフォーマンスの向上」に効果を発揮するオンボーディング施策は異なることがわかった。また、「パフォーマンス（中途採用者自身＆職場）」には、「メンターや相談役などの支援制度」が重要な役割を果たし、さらに「受け入れ側への教育」が重要であることは、とても興味深い。

図表6‑11　重要オンボーディング施策

順位	オンボーディング施策	頻出回数
1位	メンターや相談役などの支援制度	4回(4／5)
2位	上司など受け入れ側に対する教育	2回(2／5)
3位	人事と中途採用者の定期的な面談	1回(1／5)
3位	上司と中途採用者の定期的な面談	1回(1／5)
マイナスの影響	入社1カ月以内の導入研修	1回(1／5)

　分析の結果、最も多く成果に影響をおよぼしたオンボーディング施策は、「メンターや相談役などの支援制度」（4／5）となった。また、「上司など受け入れ側に対する教育」も、中途採用者の組織再適応に重要な役割を果たすことがわかった（2／5）。さらに、「人事と中途採用者の定期的な面談」と「上司と中途採用者の定期的な面談」も影響をおよぼしていた。

　第6章では、これらの4つのオンボーディング施策を「重要オンボーディング施策」と呼び、さらに上位の2つ「メンターや相談役などの支援制度」「上司などの受け入れ側に対する教育」の2つを「オンボーディングBIG2」と名づけたい。

　本章の分析から、中途採用者を円滑に組織に再適応させるためには、組織側（人事部）が、明確な意図を持って活用・教育していかなければならないことがわかった。決して「中途採用者は知識やノウハウも豊富で、サポートが不要でもパフォーマンスを発揮してくれるだろう」と考え、放置してはならない。組織のオンボーディング施策が重要となる。

分析結果の考察
オンボーディング施策のデザインに重要なこと

1 「中途採用者レベル」の成果
「人事部面談」と「支援制度」の重要性

　まず、中途採用者レベルの成果である「中途採用者の離職率の低下」に有意な正の影響をおよぼしたのが、「人事と中途採用者の定期的な面談」であった。中途採用者の離職の低減には、よりフォーマルな関係性である人事部員が重要な役割を果たしていた。中途採用者が、仕事や職場に馴染めなかったり、不満を抱いている場合は、身近な同僚や上司に相談することはむずかしいと考えられる。

　というのも、中途採用者は、中途意識やお手並み拝見意識なども関連し、上司や同僚と離職などに関する深刻な相談ができる関係性を構築できていない可能性が高いからである。そのため離職という深刻な問題を相談する

他者として、人事部員の存在が重要となるのではないだろうか。さらに、人事部員というフォーマルな存在であるため、何らかの公的なサポートを得られる可能性も高い。このような点からも、「中途採用者の離職率の低下」には、「人事部員との定期的な面談」が効果を発揮していると考えられる。

次に、「中途採用者のパフォーマンスの向上」に有意な正の影響をおよぼしたのが、「メンターや相談役などの支援制度」であった。Klein and Polin（2012）でも、バディ（buddy system）は、最もアクセスしやすい資源で、暗黙的なルールや暗黙知の学習などの意味形成を促進する最も親しい存在であり、高い効果が得られるオンボーディング施策であると主張されている。第6章の分析結果からも、その点が示されたと言えよう。仕事のパフォーマンスを高めてくれる存在は、中途採用者がどのような仕事に取り組んでいるのかを理解し、常に身近で仕事を共にする個人のほうが効果的であると言える。

また、中途採用者のメンターや相談役に任命される個人は、ある程度の仕事経験があり、有能な人材が任命される可能性が高い。そのような個人からのサポートが、中途採用者のパフォーマンスを高めていることも考えられる。

興味深い点は、「離職率の低下」には人事部員、「パフォーマンス」にはメンターや相談役というように、成果によって影響をおよぼす他者が異なるという点である。組織社会化研究でも指摘されているように、新人は多様な組織社会化の成果を得るために、多様な社会化エージェントとの関係性を構築することが重要であることが主張されている（たとえば、Louis, 1990）。中途採用者においても、その点が明らかとなった。

2 「職場レベル」の成果 受け入れ側に対する教育がカギ

次に、職場レベルの成果である。職場レベルの成果の1つめが、「中途採用者の所属部門の業績向上」である。これに有意な正の影響をおよぼしていたのが、「メンターや相談役などの支援制度」と「上司など受け入れ側に対する教育」の2つであった。

中途採用者のメンターや指導役からの指導やサポートは、中途採用者のパフォーマンスにつながることは推測しやすく、それが職場の業績向上に

もつながる。また、「上司など受け入れ側に対する教育」は、そのような教育そのものが既存メンバーのモチベーション向上や新しい知識・スキルの習得につながる可能性も高い。それが職場のパフォーマンスの向上につながっていると考えられる。

つまり、中途採用者へのオンボーディング施策は、中途採用者と既存社員双方に効果があり、これはオンボーディング施策の相乗効果と言えよう。

職場レベルの成果の2つめが、「職場のコミュニケーション活性化」である。これに有意な正の影響をおよぼしていたのが、「メンターや相談役などの支援制度」と「上司と中途採用者の定期的な面談」の2つであった。「メンターや相談役などの支援制度」は、そのメンターや相談役が仲介役となり、中途採用者と既存社員のコミュニケーションを活発化させている可能性もある。さらに、中途採用者とメンターや相談役がコミュニケーションをとっている姿を見て、既存の社員がコミュニケーションに参加してきたり、既存の社員同士のコミュニケーションも活性化されたりする可能性もある。つまり、中途採用者の参入で職場内にコミュニケーションの伝播が生じている可能性がある。

「上司と中途採用者の定期的な面談」に関しては、そのような上司からの働きかけによって、職場内のコミュニケーションが活発化していると考えられる。上司が中途採用者に同僚と積極的にコミュニケーションをとるように勧めていたり、職場の同僚たちにも中途採用者と積極的にコミュニケーションをとるようにうながしている可能性も高い。そうなれば、職場全体のコミュニケーションも活性化される。

3 「組織レベル」の成果　施策の充実が組織の魅力を高める

最後に、組織レベルの成果である「中途採用活動へのアピール」に有意な正の影響をおよぼしたのが、「メンターや相談役などの支援制度」と「上司など受け入れ側に対する教育」の2つであった。新卒採用活動でも、企業のイメージが母集団形成に影響をおよぼすことは指摘されている（尾形、2007b）。それは、中途採用活動も同様であろう。中途採用者に対する教育制度やサポート体制がしっかりと整備されている企業であれば、そうではない企業に比べ、より多くの中途採用希望者が集うことになる。

「メンターや相談役などの支援制度」がしっかりと整備されているということだけではなく、「受け入れ側に対する教育」もしっかりしているという点は、中途採用者にとってもポジティブな情報となる。受け入れ側への教育は、中途慣れしていない社員や敵対意識を持つ社員を減らすと考えられ、中途採用者の再適応不安を軽減させることができる。それが、中途採用者へのアピールとなり、多くの中途採用希望者が集う母集団を形成することが可能になるであろう。もちろん、母集団が大きいほうが有能な人材も多くなるため、有能な人材を採用できる可能性が高くなる。

　つまり、オンボーディング施策の充実化は、中途採用者や職場だけではなく、組織全体にとっても有意義なものとなる。

4　導入研修の課題　導入研修の内容をしっかりとデザインする

　本章の分析結果で解釈に気をつけなければならないのは、「入社1カ月以内の導入研修」が「職場のコミュニケーション活性化」に負の影響をおよぼしていた点である。この点について考察を加えたい。

　まず指摘したいのは、このような結果になったから「導入研修は止めるべきだ」と判断するのは早急である。むしろ、中途採用者の教育制度は充実化させるべきであり、研修は積極的に実施すべきである。

　中途採用者に対する研修の有意義さに関する発言がA社に対するインタビュー調査においても聞くことができた。それが以下の中途採用者の発言である。

　　　私が今まで経験してきた会社だと、中途採用者向けの研修期間がありました。

　　　それは具体的にどういう内容だったんですか。

　　　私の場合は、使用しているアプリケーションがあるので、それの基礎教育から管理者教育というのを別で開いてもらって、1週間まるまる使って毎日やってもらいました。

　　　それは役立ったんですか。

　　　それは役立ちました。今まで触ったことないものに対して、基本的な扱い方を一通り教えてもらえたので、良かったかなと思います。

（中略）うちの会社にもいろいろな製品があるんですけど、1つしか知らないという。なので、扱っている製品に対して、一通り触れる機会があるとか。そういうのがあると良いのかなと思います。どういうお客さんが、どういうものを使っていてというのを理解することができれば、もうちょっと仕事に対して自分が何をやるべきかというのが、見やすくなるのかなとは思います。

（中途採用5年目、技術開発、GT氏）

以上のような中途採用研修は、仕事を遂行する上で必要な基本知識や顧客情報を提供する役割を果たしていることが理解できる。

今回の分析結果では、中途採用者に対する導入研修が、職場の同僚とのコミュニケーションを阻害してしまうということが示された。

では、職場のコミュニケーションを阻害してしまう内容の研修とは、どのような内容であろうか。たとえば、中途採用者に対して「あなたたちは即戦力として期待しています。給料も高いんです。現在の社員に負けないで頑張ってください」というような内容の研修だと、中途採用者は職場の同僚に気軽に相談することがむずかしくなってしまう。これでは、第1章でも指摘した中途採用者の特有課題である「遠慮意識」が強化されてしまうだけである。

職場の同僚側もそれなりに経験を有する中途採用者であり、さらに導入研修を受けてきているのであれば、「私たちが指導したり、助言したりする必要もなく、人事に任せておけば良い」という意識を醸成してしまい、サポートに対して無責任になってしまう可能性もある。このような双方の「遠慮意識のぶつかり合い」でコミュニケーションが阻害されてしまう可能性は否定できない。

第6章での分析結果は、「とりあえず、やっておけ」的研修は効果を発揮するどころか、マイナスの効果を生み出す可能性があることを示唆している。そのため本章の分析結果は、①中途採用者がどのような再適応課題に直面し、どのようなサポートを求めているのかを理解し、②そのうえでオンボーディング施策の目的をしっかりと設定し、それが得られるような研修をデザインしなければならないということを示している。

「オンボーディング施策」の実施のために
整えたい「支援制度」「面談」「教育」

　こうした結果からも理解できるように、オンボーディング施策は、ただ実施すれば良いというわけではない。効果的な施策にするためには、考慮しなければならない点も多い。以下では、その考慮点について考察していきたい（図表6‐12）。

図表6‐12　重要オンボーディング施策のデザインに関する考慮点

重要オンボーディング施策	考慮点
メンターや相談役などの支援制度	誰をメンターや相談役にするか
上司と中途採用者の定期的な面談	面談内容のデザイン（人事面談との役割分担）
人事と中途採用者の定期的な面談	面談内容のデザイン（上司面談との役割分担）
上司など受け入れ側に対する教育	どのような教育をするか。その内容が重要

　まず、「メンターや相談役などの支援制度」については、誰をメンターや相談役にするかをしっかりと考えて、割り当てなければならない。尾形（2019）では、会社から新入社員のエージェントを割り当てる場合、割り当てられた指導者との相性や指導者側の適性、モチベーションなどをしっかりと見極めて誰を割り当てるかを考えることが重要であると指摘している。新人と指導者の相性が悪かったり、指導者の指導力不足や新人を指導するモチベーションが低かった場合は、新人の組織社会化を阻害してしまう可能性のほうが高くなる（尾形、2019）。このような点は、中途採用者に関しても同様であり、その割り当てには新人への割当て以上に注意すべきである。

　というのも、新入社員は、真っ白な状態で組織に参入してくるため素直に先輩社員の話を聞き入れてくれるが、中途採用者は前職での経験や知識、スキルを有し、自分なりの仕事のやり方や持論も持ち合わせている可能性が高いため、メンターや相談役の助言を素直に受け入れることが、むずかしくなると考えられる。それゆえ、中途採用者に対する相談役を誰にする

のか、その見極めが重要な課題となる。

　次に「上司と中途採用者の定期的な面談」と「人事と中途採用者の定期的な面談」については、関連性が強いため同時に考察したい。ここで重要になってくるのは、双方の役割分担である。中途採用者も上司には相談できることとできないことがあり、人事部員にも同様である。しかし、その内容は異なると言えよう。そのため上司との面談では何を話し合い、何を話さないのか。人事部員との面談では何を話し合い、何を話さないのか。精神的なサポートなのか。仕事上のサポートなのか。対人関係のサポートなのか。人的ネットワーク構築のサポートなのか。それぞれどちらがどの役割を果たし、中途採用者の再適応をサポートしていくのか。その役割分担にもとづき、双方が協力し合って面談内容をどのようなものにするのかをデザインすることが重要となる。

　最後に、「上司など受け入れ側に対する教育」は、具体的にどのような教育を施すのか。その教育内容のデザインが重要となろう。中途採用者の組織再適応については、本書で詳細に分析がなされ、それなりの知見は得られた。しかし、中途採用者を受け入れる側には、どのような課題があるのかについては、まだまだ理解が乏しい。受け入れ側に対する課題も明確に把握し、それにもとづいて受け入れ側に対する教育内容もデザインすることが求められる。

　上記の点を考慮しながら、重要オンボーディング施策を導入することが重要である。それを継続することで、中途文化を根づかせ、中途採用者を円滑に組織に再適応させ、パフォーマンスを発揮させる組織になれると考えられる。

第6章のまとめ

重要性がますます高まる「オンボーディング施策」

　第6章では、日本企業416社を対象に実施された質問票調査によって得られた量的データから中途採用者に対するオンボーディング施策の現状と効果について分析してきた。記述統計の分析結果からは、日本企業の中途採用者に対する再適応サポートが希薄であることが

示された。また、企業の規模は関係なく、オンボーディングに力を入れているかどうかが中途採用者の組織への定着やパフォーマンスに影響をおよぼしていることがわかった。

　さらに、中途採用者の組織再適応や職場、組織レベルに効果を発揮するオンボーディング施策として、重要オンボーディング施策（「メンターや相談役などの支援制度」「上司と中途採用者の定期的な面談」「人事と中途採用者の定期的な面談」「上司など受け入れ側に対する教育」）が見出された。

　本章での分析結果と考察を考慮し、中途採用者へのオンボーディング施策をデザインすれば、より効果的なオンボーディング施策の構築が可能になると考えられる。それは中途採用者や職場、さらには組織のパフォーマンスに結実することになる。

第7章

組織再適応を
どう促進するのか

分析結果の提示と実践的提言

本章の目的

　本章の目的は2つある。1つめは、これまでの分析結果をまとめ、中途採用者の組織再適応モデルを構築することである。本書は、複数のデータを用い、分析を行なってきた。その内容をもう一度確認し、中途採用者の組織再適応に重要な要因を振り返りたい。そして、それぞれで見出された重要な変数を用いて、中途採用者の組織再適応モデルを構築し、中途採用者の組織再適応の全体像を俯瞰したい。

　2つめは、本書全体の分析結果から、実践的提言を行うことである。本書で示された分析結果は、変数間の関係性を示したり、現状を把握することが主な目的であった。重要なのは、その分析結果からどのようにすれば、そのような課題を克服することができるかを示すことであり、それを実践することである。本章では、そのような実践につなげられるような提言を行うことを2つめの目的としたい。

本書の分析結果のまとめ

中途採用者が働きやすい組織になるために

1　第1章より
中途採用者が組織再適応するには6つの課題がある

　第1章では、中途採用者11名に対するインタビュー調査から得られた質的データを分析し、その結果、中途採用者の組織適応課題として6つを抽出している。それらは、「スキルや知識の習得」「暗黙のルールの理解」「アンラーニング」「中途意識の排除」「信頼関係の構築」「人的ネットワークの構築」の6つである。

　そして、「スキルや知識の習得」と「暗黙のルールの理解」は、新卒・中途を問わず、組織に参入した際に共通して直面する「組織社会化課題」とし、「アンラーニング」と「中途意識の排除」は、新人時の組織参入課題とは異なる「中途固有課題」とまとめている。また、「信頼関係の構築」と「人的ネットワークの構築」においては、"中途ジレンマ"という課題として表現されている。仕事で高いパフォーマンスを発揮するためには、信頼関係と人的ネットワークの構築が求められるが、これらを構築するためには、長い時間が求められる。それにもかかわらず、即戦力としてすぐに高い成果を出さなければならない中途採用者が置かれた状態が「中途ジレンマ」である。この中途ジレンマが主要な中途採用者の組織再適応課題であり、これを円滑に解消することができた中途採用者は、高いパフォーマンスを発揮できると考えられる。

　さらに、これらの課題を解決するための行動として、「スキルや知識の習得」と「暗黙のルールの理解」に関しては「理解・習得する」、「アンラーニング」と「中途意識の排除」に関しては「排除する」、「信頼関係の構築」と「人的ネットワークの構築」に関しては「構築する」という行動が中途採用者に求められる。それをまとめたのが、次頁の図表7-1である。

　中途採用者の組織適応課題として6つの適応課題のうち、とりわけ組織内での人的ネットワークを構築することが重要な課題となる。

図表7 - 1　中途採用者の組織再適応課題

適応課題		行動
①スキルや知識の習得	組織社会化課題	理解・習得
②暗黙のルールの理解		
③アンラーニング	中途固有課題	排除
④中途意識の排除		
⑤信頼関係の構築（因果のねじれ現象）	中途ジレンマ	構築
⑥人的ネットワークの構築		

第1章では、中途採用者の組織再適応課題が明確になった。

2　第2章より
組織内人的ネットワーク構築に効果的なコミュニケーション

　続く第2章では、組織内人的ネットワークが中途採用者の組織再適応にどのような影響をおよぼすのか、また、その構築に効果的なコミュニケーションのあり方を分析した。

　分析の結果、中途採用者の「組織内人的ネットワーク（ネットワーク数」「Know who」）は、組織再適応に重要な役割を果たしていることがわかった（図表7 - 2）。

図表7 - 2　中途採用者の組織内人的ネットワークが
組織再適応におよぼす影響

人的ネットワーク	主観的業績	組織文化の理解	情緒的コミットメント	被信頼感
ネットワークの数	○	○	○	○
Know who	n.s.	○	△	○

○＝有意，△＝有意傾向，n.s.＝非有意

　また、それらを構築するために効果的なコミュニケーションのあり方は、職場における活発な対面コミュニケーションであることも示された。

第２章では、中途採用者の組織内人的ネットワークの重要性とそれを構築するために効果的なコミュニケーションのあり方が統計的に検証され、明らかとなった。

3 第3章より
組織内人的ネットワークの構築・広範化に重要な４要因

　では、中途採用者は、どのようにすれば新しい環境で良質な人間関係を構築し、広範化できるのか。第３章では、コミュニケーション以外で中途採用者の組織内人的ネットワークの構築と広範化を促進する要因は何かを分析した。

　その結果「プロアクティブ行動」「コネクターとなる他者」、中途採用者が携わる「職務の特性」「組織的な「場」の設定」「人事制度」があげられ、組織的な「場」の設定としては、「情報が共有できる「場」」と「他部門との共同プロジェクトへの参加」、人事制度には「研修（Off-JT）」と「本配属前ジョブローテーション」などがあげられている（図表７‐３）。

図表7‐3　中途採用者の組織内人的ネットワーク構築・広範化の促進要因

要因レベル	具体的要因
個人要因	プロアクティブ行動
他者要因	重要な他者（コネクター）
職務要因	つながりができる仕事の割り当て
組織要因	組織的な「場」の設定 　・情報共有ができる場 　・他部門との共同プロジェクトへの参加 人事制度 　・中途採用者研修（Off-JT） 　・本配属前ジョブローテーション

　第３章では、中途採用者の組織内人的ネットワーク構築・広範化を促進する要因が明らかになった。

4 第4章より
中途採用者こそ役職者とのコミュニケーションが大事

　第4章では、中途採用者の組織再適応を促進する重要な他者である適応エージェントについて分析された。適応エージェントの質に焦点を当て、中途採用者と新卒採用者の適応エージェントがどのように異なるのかをA社の中途採用者11名、新卒採用者10名に対して実施された記述形式のネットワーク・クエスチョン(Burt, 1984)とインタビューデータを用いて分析し、明らかにしている（図表7‐4）。

図表7‐4　中途採用者と新卒採用者の適応エージェントに関する比較分析のまとめ

	新卒採用者	中途採用者
相談相手の所属	同一部門、他部門	同一部門、会社外
相談相手の採用方法	新卒採用、中途採用	中途採用
相談相手の個人属性	役職者	中途採用の同期
相談相手との接触頻度	ほぼ毎日	月1程度
相談相手との知人期間	10年以上	3〜5年程度

　第4章では、組織内の人的ネットワークの乏しい中途採用者こそ、組織内で影響力のある役職者との多くの接触が求められるが、現実は異なっていることが明らかとなり、組織からの適応エージェントの提供などのサポートが重要であることがわかった。

5 第5章より
組織再適応を促進する要因・阻害する要因の把握

　第5章では、中途採用者の組織再適応を促進／阻害する要因は何かを499名の中途採用者に対する質問票調査から得られた量的データを分析し、明らかにした。その結果が図表7‐5である。

　分析の結果、中途採用者の円滑な組織再適応には、中途採用者、人事部、上司、職場の同僚のそれぞれの行動やサポートが不可欠であることがわか

図表7‐5　組織再適応の促進要因と阻害要因

要因	具体的項目	要因の主体
個人要因（行動）	ネットワーキング行動	中途採用者自身
職務要因	タスク重要性	上司（仕事の割り当て）
予期的社会化	入社前知識と経験	人事部（採用時）
個人要因（行動）	フィードバック探索行動	中途採用者自身
組織・職場要因	コミュニケーション風土	上司（職場のデザイン）
職務ストレス	（－）精神的プレッシャー	上司（中途採用者の再適応状態の見極めと仕事の割り当て）

第7章　組織再適応をどう促進するのか

った。とりわけ中途採用者自身の「ネットワーキング行動」と中途採用者
が取り組む仕事が、どれだけ重要性が高いか（「タスク重要性」）が重要な
要因となることがわかった。

　また、中途採用者の組織再適応を阻害する要因が「精神的プレッシャー」
であることも示された。

　**第5章では、中途採用者の組織再適応を促進する要因と阻害する要因の
双方が、統計的に検証され、明らかとなった。**

6　第6章より
中途採用者のオンボーディング施策の現状と効果

　第6章では、日本企業における中途採用者のオンボーディング施策の現
状を把握し、中途採用者の組織再適応に効果的なオンボーディング施策は
何かを日本企業416社に対する質問票調査から得られた量的データを分析
し、明らかにした。

　分析の結果、効果的なオンボーディング施策として、重要オンボーディ
ング施策（「メンターや相談役などの支援制度」「上司と中途採用者の定期的な面
談」「人事と中途採用者の定期的な面談」「上司など受け入れ側に対する教育」）が
明らかとなった（図表7‐6）。

　**第6章では、日本企業の中途採用者に対するオンボーディング施策の現
状と組織再適応に効果的なオンボーディング施策が統計的に検証され、明
らかとなった。**

179

図表7‐6　中途採用者の重要オンボーディング施策

オンボーディング重要施策	考慮点
メンターや相談役などの支援制度	誰をメンターや相談役にするか
上司と中途採用者の定期的な面談	面談内容のデザイン（人事面談との役割分担）
人事と中途採用者の定期的な面談	面談内容のデザイン（上司面談との役割分担）
上司など受け入れ側に対する教育	どのような教育をするか。その内容が重要

7　高いパフォーマンスを発揮する
中途採用者の組織再適応モデルの構築

　ここまで本書が取り組んできた中途採用者の組織再適応に関する一連の分析をまとめてきた。以上をまとめ、中途採用者が高いパフォーマンスを発揮するための要因をモデル化したのが図表7‐7である。

実践的提言

採用・配置・教育の中で組織側が明確な意図を持つ

1　中途採用者のとらえ方を変え、教育の充実を

　まず組織に求められることは、中途採用者のとらえ方を変え、教育を充実化させることである。中途採用者を上手く活用できていない組織は、中途採用者を「即戦力」と、とらえる傾向がある。「中途採用者は、新卒採用者より給与が高い。一度社会に出ている分、基本的なビジネスマナーは身につけている。前職での経験がうちでも活かせるだろう。早期に活躍してくれるはずだ。そうでなければ中途で採用した意味がない」。このような指向を持つことは理解できるが、それが中途採用者の組織再適応を阻害している。

　組織が「中途＝即戦力」という考えを持つと、人事レベルでの問題点として大きいのは、中途採用者に対する教育制度やサポートが乏しくなって

図表7 - 7　中途採用者の組織再適応モデル

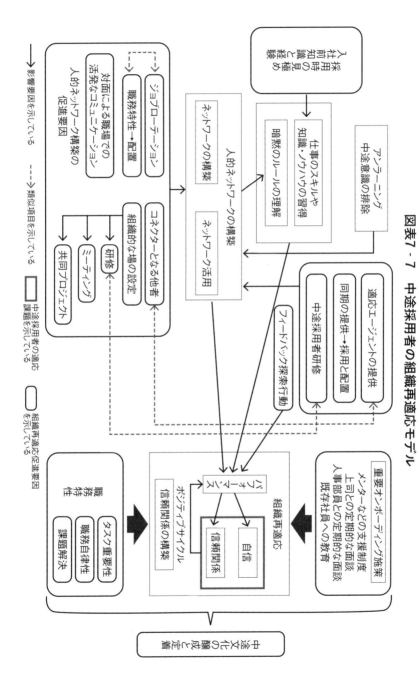

→　影響要因を示している

- - →　類似項目を示している

□　中途採用者の適応
　課題を示している

□　組織再適応促進要因
　を示している

しまうことである。多くの日本企業において、中途採用者はすでに社会人経験があり、前職での仕事経験もあるため、教育は不要であると考える傾向がある。しかし、それが大きな間違いである。会社が変われば、仕事のやり方や関わる人、自分自身の役割など多くの点で前職とは異なる。ここを乗り越えるのには困難をともなうため、充実したサポートが必要不可欠である。

　さらに、中途採用者は、新卒採用者の教育以上に充実した内容が求められる。なぜならば、中途採用者の場合、前職での仕事経験から、そこでの「色」が染みついた状態で入社してくるため、前職での色を落とす作業が必要となる（脱色段階）。この段階がアンラーニングである。新卒採用者は、仕事経験や社会人経験がないタブラ・ラサ（真っ白）の状態であり、その場合は、すぐに自社の色に染めていく段階（染色段階）から入れる。つまり、新卒採用者は組織参入→染色段階という2段階のプロセスなのに対し、中途採用者は組織参入→脱色段階→染色段階の3段階のプロセスを要することになる（図表7‐8）。この複数段階が、中途採用者の組織再適応の困難度を高めている。

図表7‐8　新卒採用者と中途採用者に求められる教育の比較

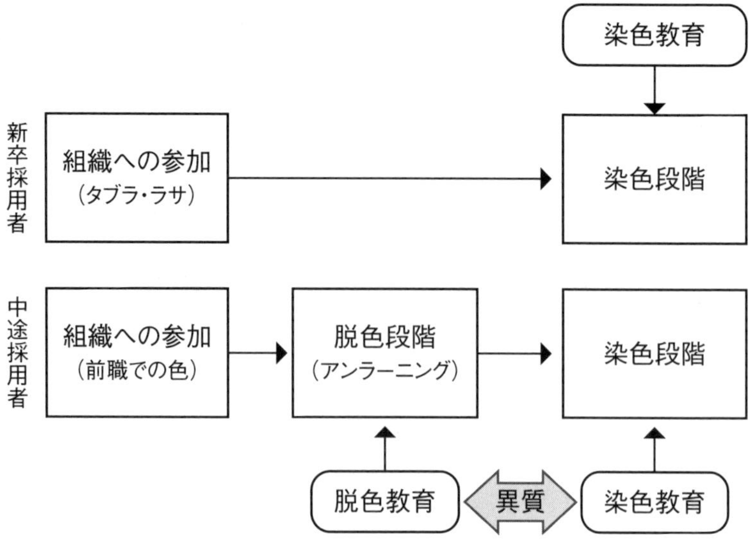

そして、それぞれの段階で教育が必要になる。新卒採用者の場合は、「染色段階」での教育のみで良いが、中途採用者の場合は、「脱色段階」での教育と「染色段階」での教育の2回の異なる教育が求められる。それゆえ、新卒採用者の組織適応よりも、中途採用者の組織再適応のほうがむずかしく、より充実した教育が必要となる。

　ここで実践的に重要になるのが、どのような教育（研修）がアンラーニングを促進することができるのかであろう。本書では、その具体的な教育内容までは分析できていないため、的確な提言はできないが、研修を通じて中途採用者にアンラーニングを実践してもらうためには、アンラーニングの意味と重要性をしっかりと中途採用者に伝えることであろう。アンラーニングすることが自分自身にメリットになることを伝えることで、中途採用者のアンラーニング実践を促進することができる。そのためには、まずは人事部や上司が、アンラーニングの意味と重要性を把握しておくことが求められる。

　多くの日本企業では新卒採用者には豊富な教育が用意されているが、より困難をともなう中途採用者には、ほとんど教育が用意されていない。そこに大きな認識ギャップがある。組織として、新卒採用者以上に中途採用者教育を充実化させなければならない。

　具体的に求められる研修としては、本書によって示された図表7‐9のようになる。

図表7‐9　中途採用者研修の種類と目的

種類		目的
脱色教育		アンラーニングと中途意識の排除
染色教育		適応・社会化
人的ネットワーク構築・広範化研修	同質性研修	中途ネットワークの構築（主に情緒面）
	多様性研修	組織内人的ネットワークの広範化（主に情報面）

　本書を通じて分析し、論じてきたように、中途採用者が成果を出すことは容易ではない。それゆえ、「中途採用者＝即戦力」ではなく、「中途採用者＝新卒採用者よりは多少早めに成果を出す人材」という程度の捉え方に変え、新卒採用者以上に充実したサポートを提供することが求められる（図

図表7‐10　中途採用者に対するとらえ方

これまでのとらえ方	これからのとらえ方
中途採用者＝即戦力人材	中途採用者＝新卒採用者よりは多少早めに成果を出す人材
中途採用者に教育は不要	中途採用者にこそ教育を

表7‐10）。

　中途採用者を円滑に組織に適応させるためには、新入社員と同様に、採用・配置・教育の一連のプロセスの中で組織側（人事部）が、明確な意図を持って活用・教育していかなければならない。決して、「中途採用者は知識やノウハウも豊富で、何のサポートも必要なくパフォーマンスを発揮してくれるだろう」と考え、放置してはならない。

2　中途採用者のアンラーニングを促進する

　先に中途採用者の脱色教育について論じられたが、それは第１章でも論じた中途採用者の再適応課題のアンラーニングと強く関連している。そこでここでは、中途採用者のアンラーニングについてくわしく見ていくことにしたい。

　アンラーニング（unlearning）とは「時代遅れになったり、組織や人を誤った方向に導く知識を組織が捨て去るプロセス」と定義され（Hedberg, 1981）、組織の学習棄却とも訳されることからも理解できるように、アンラーニングの主体は組織である。しかし、Tsang and Shaker（2008）は、組織のアンラーニングの成立は、組織メンバーによるアンラーニングの成否の結果であることを論じ、その主体が個人である側面も示唆している。中原（2014）は、中途採用者が成果を出すに至るプロセスで、アンラーニングの重要性を指摘している。さらに第１章でも、前職までの経験をアンラーニングすることが、新しい環境に再適応し、高いパフォーマンスを発揮するためには重要であると示されている。

　そこで中途採用者のアンラーニングと関係性のある要因について、簡単な分析を行いたい。それによって中途採用者のアンラーニングを理解し、

促進させることが可能になる。

　ここで用いられるデータは、第１章と第３章で用いたA社を対象に行われた質問票調査から得られたものである。質問票調査の回答者は、中途採用者が30名（うち男性28名、女性２名）である。ここでは、相関分析を行い、アンラーニングと関連性の高い変数を見出すことにしたい。

　アンラーニングは、Akgun, Lynn and Byrne（2006）を参考に、２つの下位次元で測定した。それが「危機感・不安感」と「慣行・信念の変容」の２つである。因子分析（主因子法・プロマックス回転）を行なった結果、予想通り、この２つに分かれている。図表７‐11が、その質問項目と信頼性係数である。

図表7‐11　アンラーニングの下位次元と質問項目、信頼性係数

アンラーニングの下位次元	質問項目	信頼性係数
危機感・不安感	・外部環境の急激な変化に危機・不安感が増している ・顧客からの要望の急激な変化に危機・不安感が増している ・市場の急激な変化に危機・不安感が増している	.845
慣行・念の変容	・日常の業務プロセスを変える試みを積極的に行っている ・過去の業務慣行を見直す事をいとわない ・これまでの仕事に関する価値観を見直す事をいとわない ・これまでの仕事経験から得られた知識を状況に応じて、捨て去る事をいとわない	.834

　分析は、アンラーニングと中途採用者の組織再適応の成果変数との関係性、アンラーニングに影響をおよぼす仕事の特徴や職場要因、個人資質の相関関係を見た。その分析結果が、図表７‐12である。

1 アンラーニングと組織再適応（成果変数）

　分析の結果、「危機感・不安感」と「Know Who」の間に正の相関関係があることがわかった。現状に危機感や不安感を覚えることで、それを解消しようと情報収集を行うことが推測され、それが「Know Who」と関

図表7-12　アンラーニングと促進要因／成果の相関関係

	アンラーニング	
	危機感・不安感	慣行・信念の変容
成果変数 （組織再適応）	Know who (.470**)	ネットワーク数(.404*) 組織社会化＿集団(.457*) 組織社会化＿仕事(.576**) 組織社会化＿組織(.361*) 主観的業績(.414*)
職務特性	―	スキル多様性(.414*) 課題解決(.438*)
職務ストレス	―	過度の圧迫(−.363*)
職場要因	―	活発なコミュニケーション風土(.386*)
個人資質	―	素直さ(.433*) 柔軟性(.455*)

**. 相関係数は 1% 水準で有意（両側）　*. 相関係数は 5% 水準で有意（両側）
括弧内が相関係数。表内の一は相関関係のある変数がなかったことを意味している。

連してくると考えられる。

　組織再適応の成果変数と多くの相関関係を示したのが、「慣行・信念の変容」である。「慣行・信念の変容」は、「ネットワーク数」「組織社会化＿集団、仕事、組織」「主観的業績」の５つの成果変数と相関があった。以前の慣行や信念に固執すれば、新しい会社での同僚との関係性も構築しがたいであろう。それでは社内の人的ネットワーク数は増加しない。反対に、以前の慣行・信念を変容させることで、既存社員と積極的にコミュニケーションをとることができ、中途採用者の「中途意識」や既存社員の「お手並み拝見意識」を解消し、社内の人的ネットワークの広範化につながると考えられる。

　また、以前の慣行や信念を変容させることで、新しい知識やスキルを積極的に受け入れ、習得することが可能となり、それはパフォーマンスにもつながると言えよう。

　以上のように、中途採用者の「アンラーニング＿慣行・信念の変容」は、中途採用者の組織再適応と深く関係しているということが示された。

2 アンラーニングと職務特性

　次に、アンラーニングに影響をおよぼす仕事の特徴についてである。「危機感・不安感」と相関のある職務特性はなかった一方で、「慣行・信念の変容」と正の相関関係を示した職務特性は、「スキル多様性」と「課題解決」であった。「スキル多様性」は複雑で高いレベルのスキルを用いるという点、「課題解決」は独自の解決策やアイデアを求められているという点で、どちらも求められるレベルが高い仕事であると言える。このような仕事は、以前の慣行や信念にこだわっていては、高いパフォーマンスを発揮することはむずかしく、柔軟な対応が求められる仕事の特徴と言えよう。それが以前の慣行や信念の変容につながっていると考えられる。

3 アンラーニングと職務ストレス

　職務ストレスの「過度の圧迫」が「慣行・信念の変容」に負の相関関係が示された。あまりにも負担の多い仕事を割り当てられると、以前の慣行・信念を変容させる余裕もなく、また、そのような状況では、むしろ以前の慣行や信念を頼ってしまう可能性が高くなると考えられる。とりわけ「慣行・信念の変容」は、中途採用者の組織再適応の成果変数と多くの相関関係が示されたため、それにネガティブな相関のある「過度の圧迫」は、避けるべき要因である。

4 アンラーニングと職場要因

　分析の結果、「活発なコミュニケーション風土」と「慣行・信念の変容」の間に正の相関関係が示された。第2章でも職場での活発なコミュニケーションが、組織内人的ネットワークの構築に不可欠であることが示されたように、中途採用者のアンラーニングについても職場での活発なコミュニケーションが有意義であることが示された。職場での活発なコミュニケーションを通じて、多くのことを学び、以前の慣行や信念が通用しないことや修正が求められることに気づかされると推測できる。中途採用者にとって、配属された職場のコミュニケーション風土は、組織再適応に重要な要因であることが再確認できたと言える。

5 アンラーニングと個人資質

　最後に、アンラーニングと個人資質の相関関係を見ていく。中途採用者を対象としたインタビュー調査においても、上手くアンラーニングできる個人と、できない個人が存在していることがわかった。それは、個人資質も強く関連していると考えられる。分析の結果、「危機感・不安感」と相関のある個人資質はなかった一方で、「素直さ」と「柔軟性」が、アンラーニングの「慣行・信念の変容」との間に有意な正の相関関係が示された。中途採用者は前職での経験や知識があるため、それに固執してしまう傾向があり、新しい職場での同僚や上司の助言を素直に聞き入れることがむずかしい場合もある。また、新しい環境では自分よりも年齢の低い同僚から指導を受ける場合もあり、それに抵抗を感じてしまう中途採用者もいる。そのような抵抗感が中途採用者のパフォーマンスを阻害してしまう。それゆえ、新しい環境の情報や仕事のやり方など、既存の社員から教えを請うことをいとわず、素直に助言を聞き入れることが重要である。また、前職での経験や知識を柔軟に変更し、新しい環境に適用できる形に変えていく柔軟性も求められよう。この「素直さ」と「柔軟性」は、組織に参入したばかりの新人にとっても重要であると考えられるが、前職での経験があり、ある程度の知識やスキルが固定化された中途採用者が新しい環境で高いパフォーマンスを発揮するためには、より重要になると考えられる。

6 アンラーニングの促進要因と成果モデル

　ここまでの結果から、中途採用者の「アンラーニングの促進要因と成果モデル」を構築することができる。それが図表7 - 13である。まずは、個人資質である「素直さ」と「柔軟性」が基盤にあって、そのような人物に多くのスキルや新しいアイデアが求められる仕事を割り当てること、さらに、コミュニケーションが活発な職場に配属すること、また、脱色教育も実施することで、アンラーニングを促進することができる。それが中途採用者の円滑な組織再適応につながる。

3　適応エージェントを提供する

　適応エージェントは、中途採用者の組織再適応を促進する重要な存在と

図表7‑13　中途採用者のアンラーニングの促進要因と成果モデル

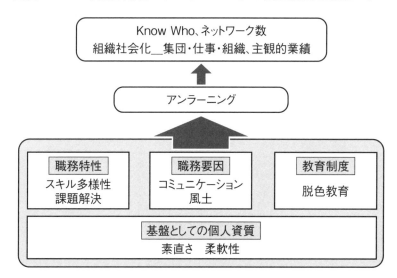

なる。しかし、第4章の分析において、中途採用者は良質な適応エージェントを得にくいことが示された。それゆえ、中途採用者の「適応エージェント調査」を実施し、自社の中途採用者の適応エージェントが、どのような性質なのかを把握することが求められる。その結果、良質な適応エージェントを得られていない中途採用者には、良質な適応エージェントを得られるようなサポートを、あるいは適応エージェントを提供することが重要である。

　その適応エージェントは、直属の上司が担うことが有意義であり、特に頻繁に仕事をする他部署の上司や既存社員との人的ネットワーク作りをサポートすることが重要となる。他部署に対しても権限を有する役職者だからこそ、中途採用者の人的ネットワークの構築が容易になり、円滑な仕事の遂行が可能になる。

4　上司は積極的に中途採用者とかかわり、職場をデザインする

中途採用者の組織再適応に重要な役割を果たすのが上司である。中途採

用者が、パフォーマンスを発揮するためには、組織内の人的ネットワークが不可欠である。その中途採用者の組織内人的ネットワークの構築と広範化には、職場の同僚にも他部署にも影響力を持つ上司のサポートが有益である。自部署の同僚には積極的に間に入り、同僚との関係性を構築させる。また、他部署の上司と中途採用者をつなぐことで、他部署の社員ともネットワーク構築させることが可能になる。上司には、中途採用者の組織内人的ネットワークの構築と広範化を促進するコネクターの役割を積極的に実践することが求められる。

また、そのような中途採用者の人的ネットワーク構築や組織再適応には、職場内での活発なコミュニケーションが重要であることが示された。「遠慮意識」の高い中途採用者と「お手並み拝見意識」の高い既存社員が、活発なコミュニケーションをとり合うことはむずかしいが、上司にはそれを実現する職場をデザインすることが求められる。

さらに、上司は中途採用者への仕事の割り当てにも注意を払うべきである。第5章の結果から、中途採用者の組織再適応を促進する要因として「タスク重要性」があげられた。反対に、「精神的プレッシャー」が組織再適応に負の影響をおよぼしていた。中途採用者だから、すぐに高いパフォーマンスを発揮するだろうという期待や経験者だから多くの仕事や役割、ノルマを与えようとすると、それがプレッシャーとなり、組織再適応を阻害してしまう。そのようなプレッシャーを与えないように配慮し、重要でやりがいのある仕事を与えることが、中途採用者の組織再適応を促進する。

組織としては、中途採用者の組織再適応に重要な役割を果たす上司を育成することも重要な役割となる。

5 オンボーディング施策が実施できなければ、中途採用はやめるべき

今後、少子高齢化が進み、人材の確保がむずかしくなっていく日本企業において、中途採用と新卒採用を上手く活用するハイブリッド型採用が効率的で、有意義な採用方法になる。

しかし、中途採用者に対するオンボーディング施策が整備されていない企業は、中途採用を行なっても思うような成果は得られず、むしろマイナ

スの効果を生み出してしまいかねない。それならば、中途採用を行うべきではない。

　まず、中途採用を行う前に、自社に中途採用者に対するオンボーディング施策がしっかりと整備されているか、それを確認すべきである。そして、それができていない企業は、まずその整備にとりかかり、それが整ってから中途採用を実施すべきである。あとはオンボーディング施策をより良くするためにPDCAサイクルを回し続けることである。それを継続できれば、中途採用者が円滑に組織再適応を果たし、期待通りのパフォーマンスを発揮できる組織文化（中途文化）の醸成につながる。

6　中途採用者の強みを活かす仕組みをつくる

　さらに、中途採用者の組織適応をサポートするオンボーディング施策の実施だけではなく、中途採用者の強みを生かす仕組みづくりも重要である。

　中途採用者をどのように再適応させていけば良いのか、その再適応施策（オンボーディング施策）に頭を悩ませている企業が多いため、それに関する議論が中心となってしまいがちだが、組織としていかに中途採用者を活かし、組織の強みにしていくのか、その仕組みづくりを考えることも重要である。そのような仕組みができれば、既存社員と中途採用者の良質な相互摩擦を生じさせ、組織変革やイノベーション、パフォーマンスに結びつけることが可能になる。

　中途採用者は、他社での経験があり、既存社員のそれが当たり前という考え方が、実はそうではないんだということに気づかせてくれる。そのような視点から意見を言うことで、組織内の慣習や常識が破られ、イノベーションや組織学習につながることがあり（尾形, 2006a）、中途採用者にはパフォーマンスと同様に、そのような点も期待されていると言えよう。

　組織変革やイノベーションには、それを起こす「4つの種」がある。それらは、①予期せぬ結果（想定と違った結果が出ること）、②ギャップ（業績ギャップ、認識ギャップ、価値観ギャップ、プロセスギャップ）、③変化（顧客のニーズや価値観、嗜好性、産業構造、人口構造）、④素朴な疑問の4つである。これらの①から③は、社内の人間だけで気づくことが可能である。しかし、④は中途採用者だからこそ抱けることが多い。新入社員でも可能だと思わ

れるかもしれないが、新入社員の場合は、比較軸のない素朴な疑問となる。もちろん、そのような疑問の中には、組織にとって有意義なものもあるが（金井, 1994b）、そもそも考える必要のない疑問であったり、答えのない疑問も存在している。一方で、中途採用者の場合は、前職での仕事経験があるため、比較軸のある素朴な疑問となる。これは、善悪を比較したり、答えを導かなければならない疑問であり、組織にとって有意義な疑問になる可能性が高い。

　金井（1994a）は、周辺部こそ内と外が相互浸透する場であり、辺境こそイノベーションの源泉であることを論じている。Johansson（2004）においても、異なる分野や学問、文化が交差する場では、既存の概念をさまざまに組み合わせて新しい非凡なアイデアを数多く生み出すことができると主張し、それを"メディチ・エフェクト（medici effect）"と呼んでいる。中途採用者も同様であり、ほぼ外部者の視点で職場に参入してくるため、長く組織で働き、当たり前だと疑うこともなく固執してきた既存社員の常識に多くの疑問が発せられ、既存社員はそれがローカルな常識（Louis, 1980）であったことに気づかされる。既存の常識にとらわれず、新鮮な視点とアイデアのある個人こそ、枠を外すチェンジ・エージェントになれる可能性を秘めている。そのような外の視点が中途採用者の強みである。以下は、中途採用者の強みについて語ってくれたA社のインタビュイーの発言である。

　　新卒採用の人は、ここの仕事の文化しか知らないので、世間一般的にこうやってるけど、まったくそんなこと知らずにやってますというのが弱みなのかなとは思います。中途の人って、私は3社目ですけど、何社かやってきてるので、世間一般的にこういうことはこうやって効率化するんですよというノウハウを持ってるので。そういう文化を知ってるというのが、強みなのかなとは思います。（中途採用5年目、技術開発、GT氏）

　こうした外の視点がイノベーションの種になる。そのような中途採用者の強みを活かし、組織にイノベーションを生じさせるような仕組みづくりが組織には有益である。

　つまり、組織は中途採用者を上手く会社に再適応させるための仕組みづくり（オンボーディング施策）と同時に、良い意味で既存社員と中途採用者の摩擦を生じさせるような仕組み（コンフリクトマネジメント）をつくることの双方が求められる。それを示したのが図表7‐14である。具体的には、中途採用者と既存社員が会社や仕事のあり方について、深いディスカッションができる「場」づくりなどが有益であろう。

図表7‐14　中途採用者の強みを生かす組織の仕組みづくり

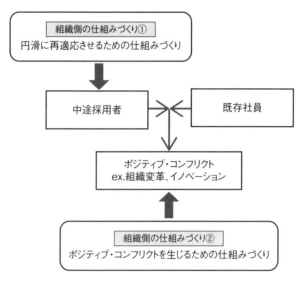

　先にアンラーニングの重要性を論じたが、中途採用者のすべてを脱ぎ捨てさせる必要はない。中途採用者の多少とがった部分も上手く活かすことが重要であり、それを受け入れる組織の寛容さ（中途文化）も重要である。

7　中途文化を醸成し、根づかせる

　ここまでの実践的提言の議論を実現させるために重要な要素が、中途採用者に対する組織の考え方や価値観、つまり、中途文化となる。たとえば、中途採用者に対する教育制度が未整備な企業は、そもそも中途文化は醸成されていないため、既存社員も「中途慣れ」していない。そのため既存社

員にとって中途採用者は外部から来たよそ者であり、「お手並み拝見意識」によって、あえてサポートをしないといったような中途採用者にとってマイナスの行動を引き起こす可能性が高い。このような意識を既存社員が持っていれば、中途採用者は壁を感じて、ますます馴染むことがむずかしくなり、すぐに転職してしまう。これでは、中途文化は根づかない。まずはそのような組織の文化を変えていかなければならない。

では、どのようにすれば、中途文化は醸成されるのか。まずは、組織側が中途ジレンマなどの中途採用者の組織再適応課題と彼らが置かれた状況を正確に理解することである。それらを理解することができれば、充実したオンボーディング施策の構築につながる。

具体的に、どのような施策が効果的なのか。それが第6章で分析したオンボーディング重要施策の「メンターや相談役などの支援制度」「人事と中途採用者の定期的な面談」「上司と中途採用者の定期的な面談」「上司など受け入れ側に対する教育」の4施策である。

また、第4章と第5章の分析結果からも、中途採用者の組織再適応に職場のコミュニケーション風土が重要な役割を果たしていることがわかった。それゆえ、中途採用者が部署内外の双方の社員とコミュニケーションがとれる「場」を設けることが重要になる。部署内であれば、朝礼やミーティング、他部署の社員であれば、中途採用者を積極的に共同プロジェクトに参加があげられる。中途採用者が疑問に思ったことは、遠慮なく発言できるコミュニケーション風土を醸成することができれば、良質なコンフリクトが生まれ、イノベーションや組織変革などの組織のパフォーマンスにもつながる。

以上のように、組織として中途採用者に対するオンボーディング施策を充実化させることで、既存社員も中途採用者に対する接し方が変わってくる。そうなれば、第6章の重要オンボーディング施策にもあげられた「上司など受け入れ側に対する教育」も効果を発揮することになる。

さらに重要なのが、トップが中途採用者のオンボーディング施策の重要性を理解し、それを明示化することである。トップがオンボーディングに力を入れることを宣言すれば、既存社員も力を入れざるを得ない[1]。第6章の分析でも明らかになったように、企業がオンボーディングに力を入れられない理由の上位に「トップ（経営）がその重要性を理解していないから」

があがっている。人事部には、トップにその重要性を理解してもらえるような働きかけが求められるであろう。トップの意識を変えれば、既存社員の意識も変わる。そして、そのような取り組みを継続していくことで、中途文化が醸成され、根づいていき、中途採用者が活躍できる組織になる。

今後について

本書の「含意」と「課題」

1 　2つの含意 　「理論的含意」と「実践的含意」

1 理論的含意

　本書は、キャリア・トランジション論や組織社会化論などの領域に新しい知見を提供することができると考えられる。日本の経営学の領域において、学生から社会人への移行（尾形、2006b、2007）や管理者への移行（金井、2005、元山、2007a、2007b、2008）、海外帰任者の再適応（内藤, 2011）などの研究は目にすることができるが、中途採用者の組織再適応に関する研究はほとんど目にすることができない。本書は、そのようなキャリア・トランジション研究に、新たな知見を提供することが可能になるであろう。

　また、組織社会化論に新しい視点を提供できよう。組織社会化論は基本的には学生から社会人への移行を果たした新人を対象にしている理論である。それゆえ、中途採用者の組織への再社会化を扱う理論としては中核的なものではなかった。しかし、本章での分析から新しい環境に参入し、そこで会社の文化（文化的社会化）や仕事の知識やノウハウ（職業的社会化）、自分自身の役割などを試行錯誤しながら習得していく過程は、まさに組織社会化過程と言える。さらに、それらが中途採用者においても重要な課題となっているという点や中途採用者においても、適応エージェントの重要性が論じられたという点は、新人を対象として理論が構築されてきた組織社会化論の理論が、中途採用者にも援用できることを示唆している。しかしながら、新人と中途採用者の組織社会化過程は異なる性質のものになる。中途採用者の組織再適応に関する知識の深化は、異なる性質の組織社会化

過程をとらえることができ、組織社会化論に新しい知見を提供することができる。

　さらに、中途採用者そのものを対象とした理論の構築に貢献可能である。先述したように、キャリア・トランジション論や組織社会化論の中の１つの現象として中途採用者の組織再適応を扱うのではなく、ネットワーク理論やソーシャル・キャピタル論の理論を援用することによって、創発的な新しい知見、つまりは、中途採用者論なるものを構築することも可能かもしれない。

　最後に、組織の視点から中途採用者の組織再適応をとらえられている点も、本書の理論的貢献と言える。組織への適応や社会化に関しては、個人の視点からの研究が多い。それだけでは、現象の深い理解にはつながらない。個人の視点と組織の視点の双方を統合することで、中途採用者の組織再適応の理解を深めることが可能になる。

　いずれにせよ、本書は先行研究の乏しい中途採用者の組織再適応について、多様な知見を提供することができ、数少ない中途採用者研究の発展に貢献するものである。

2 実践的含意

　終身雇用だった日本の労働市場がこれほど流動的になり、中途採用が一般的になってきたのは、バブルが崩壊し、数年経った2000年初めくらいからである。それゆえ、中途採用者の再適応支援は未整備の会社が多いのが日本の現状と言える（とは言え、20年以上も経過しているが）。

　中途採用者がどのような課題を抱え、どのようなサポートを必要としているのかが不透明であり、企業としても中途採用者に対してどのような支援を提供して良いのかわからず、試行錯誤が続いている。中途採用者には何のサポートも用意されていない企業すら存在している。大学から社会人へと移行した新人には手厚いサポートが用意されているのに対し、同じく新しい環境に参入してくる中途採用者には何のサポートもないというのは問題である。前職での経験があるため仕事の知識や社会人としてのスキルは要していると判断されているのであろうが、むしろ前職での経験があるからこそ、新しい環境への適応がむずかしくなる。新しい環境への再適応課題を克服し、中途採用者の能力を発揮させるためには、組織は中途採用

者がどのような課題に直面し、その解決のためにはどのようなサポートが求められるのかを理解しなければならない。

本書は、中途採用者がどのような課題に直面し、それらを克服するためにはどのような組織サポートが求められるのかを具体的に提示することができた。これは多くの日本企業にとって有意義であり、本書の実践的貢献と言える。

また、これから転職を考えている個人にも実践的な含意がある。転職には不安がつきまとう。それは転職後、どのような現実に直面するかが不透明だからだ。そして、その不安のせいで、転職を躊躇してしまい、不本意なキャリアを歩まざるを得ない個人も多いのではないだろうか。もし、転職後にこれから自分はどのような課題に直面することになるのか。それを克服するためには、何が求められるのかを事前に理解しておくことができれば、転職に付随する不安も軽減でき、新しい環境への適応を促進することができる。それは、個々人の納得のいくキャリア形成につながるであろう。本書は、そのような我が国で働く個人1人ひとりに有意義な実践的貢献があると信じている。

2　本書の課題　普遍性、分析対象の欠落、変数の不統一

本書の課題は大きく3点あげられる。まず1つめが、普遍性の問題である。本書の第1章、第3章、第4章は、A社1社を対象とした個別事例である。[2] それゆえ、A社での事例が、すべての企業に当てはまるわけではなく、普遍性という点においてはまだまだ未熟と言える。今後、より多くの企業への調査を実施したり、A社とは異なる業種の組織や外資系企業など、質的に異なる組織の中途採用者にも同様の調査を行うことで、中途採用者の組織再適応について、さらに普遍的な知見が得られるであろう。

2つめは、分析対象の欠落である。本書では、「中途採用者の視点」と「組織の視点」の双方から中途採用者の組織再適応をとらえてきた。しかし、もう1つ重要な視点が欠落している。それは、中途採用者と共に働く「既存社員の視点」である。中途採用者を円滑に組織に再適応させるためには、既存社員のサポートが欠かせない。その既存社員が中途採用者をどのようにとらえているのか。その視点から分析を行うことで、中途採用者と既存

社員の相互作用をとらえることが可能となり、そこで生じる文化触変
(Louis, 1990) を解明することができるであろう。

　3つめは、量的調査における変数の不統一性である。本書では、中途採
用者の成果変数である「組織再適応」を、第2章では「主観的業績」「組
織文化の理解」「情緒的コミットメント」「被信頼感」の4つで、第4章で
は「貢献実感」「仕事フィット」「職場フィット」の3つで測定している。
比較の重複性はあり、大きく異なるとは言えないが、調査において多くの
質問項目を入れることができないなどの制約があり、成果変数の組織再適
応を統一的に測定できなかった。この点は、問題点として指摘できよう。

　以上が本書の課題であり、その解決は今後の課題としたい。

第7章のまとめ

中途採用者を活かす実践的提言

　本章では、本書の分析で見出された重要な変数を用いて、中途採
用者の組織再適応モデルを構築し、組織再適応の全体像を俯瞰した。

　続いて、本書全体の分析の結果から、実践的提言を行なった。本
書の実践的提言は、「中途採用者の捉え方を変え、教育を充実化させ
る」「中途採用者のアンラーニングを促進する」「適応エージェント
を提供する」「上司は積極的に中途採用者とかかわり、職場をデザイ
ンする」「オンボーディング施策が整備されていない企業は、中途採
用をやめるべき」「中途採用者の強みを活かす仕組みをつくる」「中
途文化を醸成し、根づかせる」の7つである。この7つを実践する
ことで、中途採用者が生き生きと働き、活躍できる組織づくりが可
能になる。

　最後に「理論的含意」と「実践的含意」が論じられ、本書の課題
が示された。

1 尾形（2015）でも企業の新卒採用活動にトップがどの程度コミットするかで、母集団形成の質も
異なってくることが実証されており、採用活動へのトップの関わりの重要性を指摘している。

2 もちろん、個別事例研究にも長所はある。個別事例研究は、1つの組織事例や個人に焦点を当てる
ことで、そこで生じた現象について深い理解を得ることができる点である（沼上、1995、Yin、
1994）。

補章

中途採用者の組織再適応施策チェックリスト

ここでは、本書で見出された発見事実をもとに、中途採用者の組織再適応施策のチェックリストを作成し、実践的な観点から中途採用者の組織再適応をサポートすることにつなげたい。

　第6章での日本企業416社に対して実施した質問票調査では、オンボーディング施策の実施を阻害する要因として2番目に多かった回答が「何から取り組めば良いかわからないから」であった。つまり、企業が何をしなければならないのかを示すことができれば、多くの日本企業で中途採用者の組織再適応施策が実施され、中途採用者の円滑な組織再適応が可能になる。本リストは、その役割を果たすと言えよう。

　また、中途採用者自身にとっても、円滑な組織再適応を果たすことができれば、生き生きと働くことが可能となり、充実したキャリアを歩むことができる。

　補章でのチェックリストは、今後、転職が当たり前となる日本社会において、企業にとっても中途採用者にとっても、有意義な成果を生み出す重要な役割を果たす存在となることを期待している。

　チェックリストは、中途採用者の組織再適応に重要な役割を果たす人事部−上司−同僚−トップの4つの立場から示されている。表の左側には、それぞれで求められる「役割や施策、とるべきアクション」が示され、右側にはそれに対して「人事部が考慮，実践すべきこと」が記されている。それが、補表1である。

　このチェックリストは、データの分析によって導かれた本書での発見事実にもとづき作成されたものであり、科学的根拠にもとづいたものと言える。あとは、このチェックリストを実践の場で援用することである。

　このチェックリストを実践すれば、中途採用者の組織再適応を促進させることが可能になると考えられるが、これだけで十分なわけでもなく、これらをすべて実施しなければならないわけでもない。マンパワーなどを含む自社の資源を考慮しながら、自社に必要な施策を選択し、実践することが有意義であろう。そして、その実践結果をしっかりと検証し、修正や追加、削除を繰り返し、より良質な自社独自の中途採用者の組織再適応施策（オンボーディング施策）を構築してもらいたい。

補表 - 1　中途採用者の組織再適応施策のチェックリスト

人事部		
役割や施策、とるべきアクション		**人事部が考慮／実践すべきこと**
採用時・入社前	**(1) 前職との関連性の確認** （→円滑な組織参入）	前職についてしっかりと調べ、自社で配属される部署の新しい仕事との親和性を把握する
	(2)「素直さ」と「柔軟性」の確認 （→アンラーニング促進）	どのように見極めるか
	(3) 正確な情報提供	どのような情報を、どのように正確に伝えるか
	(4) 上司研修のデザインと実施	・中途採用者の組織再適応に重要な上司の役割を説明し、理解してもらう ・それらの役割や能力、スキルを習得させる
	(5) 既存社員研修のデザインと実施	既存社員に対して、中途採用者とどのように接していくべきかを伝える研修をデザインし、実施する
入社後	**(1) 中途採用者研修のデザインと実施** ①脱色教育（アンラーニング） ②染色教育（社会化・適応）	どのような研修内容にするのかを吟味し、実施する
	(2) 人的ネットワーク広範化研修のデザインと実施 ①同質性（中途採用者同士）研修 ②多様性（他部署の既存社員）研修	研修の内容よりも、「つながり」を作らせることに注力
	(3) 適応エージェント調査の実施	どのような調査内容にするか
	(4) メンター制度の導入	・誰をメンターとするのかを吟味する ・メンターにどのような教育を施すのかを吟味し、実施する ・常時メンターをサポートする
	(5) 中途採用者との定期的な面談	どのようなことを話し合うか（上司面談との役割分担）
上司		
(1) 自分自身の役割を把握		
(2) 適応エージェントの役割を果たす →常に中途採用者の相談相手となる		・上司研修の実施 ・実践する上司を常時サポートする
(3) コネクターの役割を果たす →自部署内での人間関係の構築サポート、さらに、部署外（特に中途採用者が携わる仕事に関連する他部署）の役職者や既存社員と結びつける		
(4) 職場をデザインする →職場内で中途採用者と既存社員の活発なコミュニケーションが可能になる「場」を設定する		
(5) 仕事の割り当てを吟味する ・中途採用者の組織再適応に重要な役割を果たす「タスク重要性」と「課題解決」「職務自律性」「スキル多様性」などがある仕事かどうか ・「精神的プレッシャー」はかからないか		このような仕事を与えられる部署かどうかを事前に把握する
(6) 中途採用者との定期的な面談の実施		どのようなことを話し合うか（人事部面談との役割分担）
同僚		
(1) 中途採用者に対するお手並み拝見意識や心理的障壁の排除		これらの点を意識してもらうために、既存社員に対して中途採用者への接し方研修を実施する
(2) 中途採用者への積極的なコミュニケーション		
トップ		
(1) 中途採用者施策の重要性を理解し、施策の実施をサポートする		中途採用者施策の重要性を理解してもらうための理論武装と説明

謝　辞

　筆者が中途採用者の組織再適応の研究に取り組みはじめたのが、2015年である。あれから6年の月日が経過した。前著は、13年の月日を要し、やっと研究書にまとめられ、上梓することができた。本書は6年なので、前著の半分の月日まで期間を縮められたが、それでも6年の月日を有している（私の娘は小学1年生だが6年生になっているということだ。想像がつかない）。研究とは本当に時間のかかるものである。

　研究者の役割とは何だろうか。私自身は「研究を通じて、社会を良くしていくこと」だと考えている。しかし、社会を良くしようという思いで活動されている人達は多いであろう。個人で活動されているコンサルタントや啓蒙家は世に溢れ、多くの肩書で世の中に情報を発信している。そのような状況の中で、やはり考えなければならないのは、「研究者の役割とは何のか」である。そこで重要になるのは、「研究」を通じてということであろう。単なる思いつきや自分自身の経験だけを語るのではなく、「研究」を通じて自分の主張を世に発信し、より良い社会づくりに貢献していくのが研究者の役割であろう（もちろんいろいろな答えはあると思うが）。

　経営戦略論の大家Mintzbergが、マネジメントとはアート（洞察や創造的発想）、クラフト（経験や現実に則した学習）、サイエンス（体系的データの分析）の三角形の中で行われるものであると主張しているが、研究もまさにこの3要素で構成される活動であると考えている。先人が積み上げてきた知識（理論）に依拠しながら、理論的にも実践的にも洞察や創造性のある仮説を立て、的確な対象に、的確な方法で調査を行い、そこから得られた体系的なデータを厳格に緻密に分析し、その解に対し深く、深く考察し続ける。だからこそ研究には月日がかかるし、このような研究活動から導き出された解の説得力は高いものとなる。

　このような研究活動は、一朝一夕でできるようになるものではなく、学生時代から先生や先輩、学会から厳しく指導され、長い間意識し、実践し

ながら研究に取り組んだ者にしかできないものだと自負しているし、それが研究者としての私自身のアイデンティティでもある（まだまだ未熟で、成長しなければならないが）。

　このような研究活動から導き出された答えをわかりやすく、世に発信していくことも研究者の重要な役割になるであろう。本書は、研究書を意識して執筆したが、この研究成果を実務で活かすことが、より良い社会づくりにつながるため、実務でご活躍されている多くの方々にお読みいただきたいという思いも強かった。それゆえ、ガチガチの研究書にはしたくなかった。しかし、チープなビジネス書にもしたくなかった。そのバランスを意識して執筆した。

　本書は多くの人達の協力によって完成させることができた。まずは、快く調査に協力していただいたA社の皆様には、ご多忙の折にもかかわらず、貴重な時間を割いて、調査にご協力いただいた。A社の皆様の協力が得られなければ、中途採用者の組織再適応に関する研究を始めていなかったかもしれない。合同会社YUGAKUDO代表社員の田口光氏には、当方の研究に関心を持っていただき、ぜひ実践で活かしたいと、共同研究を実現することができた。そこで得られたデータは、本書の分析にも用いられており、本書の重要な主張の根拠となっている。本書での定量分析のデータはエン・ジャパン株式会社の越田良氏と千葉純平氏のお力添えがなければ実現していなかった。心より感謝したい。2人とは同世代ということもあり、また、問題意識にも共感できたため、共同研究を行うことができた。今後もお2人とはより良い社会づくりのために協働していきたい。また、本書の出版までをつないでいただいた生産性新聞の村越正児氏にも感謝したい。彼が私の研究に興味を抱き、原稿の執筆を依頼してくれたおかげで、出版部門とのつながりができた。彼のお声がけがなければ、本書が世に出ることはなかったかもしれない。そして、本書の執筆にあたり辛抱強くサポートしていただいた生産性出版の村上直子氏には、研究者の面倒臭くて些細なこだわりを、寛容なお心でお許しいただき、辛抱強く校正作業を行なってくれた。研究書とビジネス書のバランスを上手くとれたのは、村上氏のご助言とご助力のお陰である。心から感謝したい。出版にあたり、甲南大学経営学会からのサポートも得ることができた。感謝したい。

以上のような方々のご指導やサポートがありながらも、未熟な所は多い。それはすべて筆者の力不足からくるものであり、すべて筆者の責任である。

　最後に、家族への感謝をお許しいただきたい。
　研究を通して日本社会をより良くし、日本で働く人達の充実したキャリアに貢献できるような研究者を目指している。聞こえは良いが、もしかしたら日本社会というよりは、家族のためなのかもしれない。妻 薫子は、娘たちに働くことの有意義さを伝えるために、今後も長く働き続けたいという思いを持っている。妻が幸せな仕事生活が送れる社会づくりに貢献することが、私の使命だと思っている。また、2人の娘、美彩希と明彩陽も、当分先にはなるが、社会に出ていくときが来る。どのような仕事に就くのか、現時点ではまったく見当もつかないが（プリンセスになりたいらしい……）、充実した人生を歩めるような仕事に就いてもらいたい。そのためには、日本で働くすべての人が、幸せな仕事生活が送れる社会になっていることが重要だ。そのような社会づくりに貢献することが、私の使命だと思っている。そして、帰省し難い状況になったこの時世に、宮城県で暮らす父 悌一郎と母 晃子に充実して仕事ができていることを、出版を通じて報告している面もあるかもしれない。
　そう考えると、結局私が研究に勤しむのは、家族のためなのかもしれない。そして、家族のお陰で、研究者としてあり続けられるのかもしれない。でも、それで良いと思っている。だからこそ、思いの詰まった研究ができているのだ。家族みんなの存在とサポートに、心から感謝しています。

著者

参考文献

- Akgun, A.E., Lynn, G.S. and J. C. Byrne (2006), "Antecedents and consequences of unlearning in new product development teams." *Journal of Product Innovation Management,* Vol. 23, pp.73-88.

- Burt, R. (1984), "Network items and the general social survey." *Social Networks,* Vol.6, pp. 293-339.

- Chao, G. T., O' Leary-Kelly, A. M., Wolf, S., Klein, H. J. and P. D. Gardner (1994), "Organizational socialization: Its content and consequences." *Journal of Applied Psychology,* Vol. 79(5), pp. 730-743.

- Culnan, M. J. and M. L. Markus (1987), "Information technologies." In F. M. Jablin., L. L. Putnam, K. H. Roberts and L. W. Porter (eds.), *Handbook of organizational communication: An interdisciplinary perspective,* pp.420-443. Newbury Park, CA : Sage.

- Erikson, E. H. (1963), *Childhood and Society,* 2nd ed., W. W. Norton Co. (仁科弥生訳『幼児期と社会』Ⅰ・Ⅱ, みすず書房, 1977年).

- Feldman. C. and J. M. Brett (1983), "Coping with new jobs: A comparative study of new hires and job changers." *Academy of Management Journal,* Vol.26(2), pp.258-272.

- Feldman. C. and J. M. Brett (1985), "Trading Places: The management of employee job changes." *Personnel,* Vol. 62(4), pp.61-65.

- Fisher, C. D. (1986), "Organizational Socialization: An Integrative Review." In Rowland, K. M. and G. R. Ferris (eds.) *Research In Personnel and Human Resources Management,* Vol.4, pp.101-145, JAI Press.

- Granovetter, M. (1974), *Getting a Job.* The University of Chicago Press in Chicago. (渡辺深訳『転職—ネットワークとキャリアの研究—』ミネルヴァ書房, 1998年).

- Grant, A. M. and S. J. Ashford (2008), "The dynamics of proactivity at work." *Research in Organizational Behavior,* Vol.28, pp.3-34.

- Hair, J. F., Jr., Anderson, R. E., Tatham, R. L. and W. C. Black (1998), *Multivariate Data Analysis,* Englewood Cliffs, NJ: Prentice-Hall.

- Hedberg, B. L. T. (1981), "How organizations learn and unlearn." In Nystrom, P. C. and W. H. Starbuck (eds), *Handbook of Organizational Design,* pp.3-27. Oxford, UK: Oxford University Press.

- Higgins, M. C. (2000), "The more, the merrier ? Multiple developmental relationships and work satisfaction." *Journal of Management Development,* Vol.19(4), pp.277-296.

- 平野光俊 (2006), 『日本型人事管理—進化型の発生プロセスと機能性—』中央経済社.

- Hopson, B. and J. Adams. (1976), "Towards an understanding of transition: defining some boundaries of transition dynamics." In Adams, J., Hayes, J. and B. Hopson (eds.), *Transiton:Understanding and Managing Personal Change,* pp.3-25, Martin Robertson & Company.

- 石黒圭(2020), 『リモートワークの日本語—最新オンライン仕事術—』小学館新書.

- Johansson, F. (2004), *The Medici Effect,* Harvard Business School Press. (幾島幸子訳『メディチ・インパクト』ランダムハウス講談社, 2005年).

- 金井壽宏 (1989), 「ピア・ディスカッションを通じての「気づき」の共有」『組織科学』第23巻第 2 号, 80-90頁.

- 金井壽宏(1994a), 『企業者ネットワーキングの世界—MITとボストン近郊の企業者コ

ミュニティの探究―』白桃書房.

● 金井壽宏（1994b），「新人の放つ疑問は，会社の資産」『関西経協』第48巻第4号，20-21頁.

● 金井壽宏（2005），「ライン・マネジャーになる節目の障害と透明―「なりたくない症候群」と「世代継承的夢」―」『国民経済雑誌』第191巻第3号，43-68頁.

● Klein, H. J and A. E. Heuser (2008), "The learning of socialization content: A framework for researching orientating practices," In Martocchio, J. J. (ed.), *Research In Personnel and Human Resources Management*, Vol.27, pp. 279-336, JAI Press.

● Klein, H. J and B. Polin (2012), "Are Organizations On Board with Best Practices Onboardin?" In Wanberg, C. R. (ed.), *The Oxford Handbook of Organizational Socialization*, pp.267-287, Oxford University Press.

● Klein, H. J., Polin, B. and K. L. Sutton (2015), "Specific onboarding practices for the socialization of new employees." *International Journal of Selection and Assessment*, Vol.23(3), pp.263-283.

● Klein, H. J and N. A. Weaver (2000), "The effectiveness of an organizational -level orientation training program in the socialization of new hires." *Personnel Psychology*, Vol.53, pp.47-66.

● Kram, K. E. (1988), *Mentoring at work: Developmental Relationships in Organizational Life*, University Press of America, Inc. （渡辺直登・伊藤知子訳『メンタリング―会社の中の発達支援関係―』白桃書房，2003年）.

● Levinson, D. J. (1978), *The Seasons of a Man's Life*, Alfred Knopf. （南博訳『ライフサイクルの心理学』上・下 講談社学術文庫，1992年）.

● Lewin, K. (1951), *Field Theory in Social Science*: Selected Theoretical Papers. New York, NY: Harper & Brothers. （猪股佐登留訳『社会科学における場の理論』誠信書房，1956年）.

● Louis, M. R. (1980), "Surprise and Sense Making: What Newcomers Experience in Entering Unfamiliar Organizational settings." *Administrative Science Quarterly*, Vol. 25(2), pp. 226-251.

● Louis, M. R. (1990), "Acculturation in the Workplace: Newcomers as Lay Ethnographers." In Schneider, B. (ed), *Organizational Climate and Culture*, pp. 85-129, Jossey-Bass Publishers.

● Louis, M. R., Posner, B. Z., and G. N. Powell (1983), "The availability and helpfulness of Socialization practices." *Personnel Psychology*, Vol.36, pp.857-866.

● Major, D. A., Kozlowski, S. W. J. and G. T. Chao (1995), "A Longitudinal Investigation of Newcomer Expectations, Early Socialization Outcomes and the Moderating Effects of role Development Factors." *Journal of Applied Psychology*, Vol.80(3), pp.418-431.

● 森永雄太・服部泰宏・麓仁美・鈴木竜太（2012），「相互依存的な職務設計と動機づけの関係」『組織科学』第46巻第2号，64-74頁.

● 守島基博（1999），「成果主義の浸透が職場に与える影響」『日本労働研究雑誌』第41巻第12号，2-14頁.

● 元山年弘（2007a），「管理者への職務適応を支える態度や行動」『六甲台論集―経営学編―』第53巻第3号，47-68頁.

● 元山年弘（2007b），「管理者になる移行期におけるキャリア発達」『人材育成研究』第2巻第1号，31-44頁.

- 元山年弘(2008),「管理職への移行における諸問題」『経営教育研究』第11巻第1号, 72-84頁.
- 内藤陽子(2011),「組織再社会化における情報入手行為と組織適応―海外帰任者を対象としたモデルの構築と検証―」『組織科学』第45巻第1号, 93-110頁.
- 中原淳(2010),『職場学習論―仕事の学びを科学する―』東京大学出版会.
- 中原淳 (2014),「「職場における学習」の探求」『組織科学』第48巻第2号, 28-37頁.
- 中原淳 (2017),「中途採用者の組織再社会化」『人材開発研究大全』第16章(399-422頁), 東京大学出版会.
- 沼上幹(1995),「個別事例研究の妥当性について」『一橋ビジネスレビュー』第42巻第3号, 55-70頁.
- 尾形真実哉(2006a),「新人参入の組織論的考察：職場と既存成員に与える影響の定性的分析」『六甲台論集―経営学編―』第53巻第1号, 61-86頁.
- 尾形真実哉(2006b),「リアリティ・ショックのタイポロジーと効果―学生から社会人への移行に沿った定性的パネル調査による分析―」『六甲台論集―経営学編―』第52巻第4号, 49-66頁.
- 尾形真実哉(2007a),「新人の組織適応課題―リアリティ・ショックの多様性と対処行動に関する定性的分析―」『人材育成研究』第2巻第1号, 13-30頁.
- 尾形真実哉(2007b),「日本企業における新卒採用行動傾向の検討」『日本労務学会誌』第9巻第1号, 2-15頁.
- 尾形真実哉 (2009),「導入時研修が新人の組織社会化に与える影響の分析―組織社会化戦術の観点から―」『甲南経営研究』第49巻第4号, 19-61頁.
- 尾形真実哉(2013a),「若年就業者の組織適応エージェントに関する実証研究―職種による比較分析―」『経営行動科学』第25巻第2号, 91-112頁.
- 尾形真実哉(2013b),「上司・同僚・同期による組織社会化プロセス」金井壽宏・鈴木竜太(編)『日本のキャリア研究―組織人のキャリア・ダイナミクス―』第7章(197-222頁), 白桃書房.
- 尾形真実哉 (2015),「新卒採用活動における良質な応募者集団の形成に影響を及ぼす要因に関する実証分析―人事部門を対象とした調査から―」『組織科学』第48巻第3号, 55-68頁.
- 尾形真実哉 (2017),「新人研修」中原淳編『人材開発研究大全』第14章 (341-373頁), 東京大学出版会.
- 尾形真実哉(2018),「中途採用者の組織適応に関する量的比較分析―入社方法と主観的業績に焦点を当てて―」『甲南経営研究』第59巻第1号, 45-87頁.
- 尾形真実哉 (2019),「組織社会化」開本浩矢 編著『ベーシック＋(プラス) 組織行動論』第14章(209-224頁), 中央経済社.
- 尾形真実哉(2020),『若年就業者の組織適応―リアリティ・ショックからの成長―』白桃書房.
- 尾形真実哉・元山年弘(2005),「キャリア・トランジションの質的相違による普遍性と個別性の抽出―新任管理者, 新人看護師, 新人ホワイトカラーへの移行の比較を通じて―」『神戸大学大学院経営学研究科博士課程モノグラフシリーズ』#0505.
- Robbins, S. P. (2005), *Essentials of Organizational behavior*, 8th Edition, Peason Education, Inc. (髙木晴夫訳『組織行動のマネジメント』ダイヤモンド社, 2009年).
- Robbins, S. P., D. A. DeCenzo, and M. Coulter (2013), *Fundamentals of Management: Essential Concepts and Applications*, 8th Edition, Peason Education, Inc. (髙木晴夫監訳『マネジメント入門―グローバル経営のための理論と実践―』ダイヤモンド社,

2014年).

- Schein, E. H. (1961), "Management Development as a Process of Influence." *Sloan Management Review*, Vol.2, pp.59-77.

- Schein, E. H. (1971), "The Individual, The Organization, and the Career: A Conceptual Scheme." *Journal of Applied Behavioral Science*, Vol.7, pp.401-426.

- Schein, E. H. (1978), *Career Dynamics:Matching Individual and Organizational Needs*, Addison-Wesley. (二村敏子・三善勝代訳『キャリア・ダイナミクス』白桃書房, 1991年).

- 髙橋潔編(2010), 『Jリーグの行動科学―リーダーシップとキャリアのための教訓―』白桃書房.

- 竹内倫和・竹内規彦(2011), 「新規参入者の組織社会化過程における上司・同僚との社会的交換関係の役割―縦断的調査データによる分析―」『組織科学』第44第3号, 132-145頁.

- Tsang, E.W.K. and A.Z. Shaker (2008), "Organizational Unlearning." *Human Relations*, Vol.61, pp.1435-1462.

- 辻大介・是永論・関谷直也(2014), 『コミュニケーション論をつかむ』有斐閣.

- 浦上昌則・脇田貴文 (2008), 『心理学・社会科学研究のための調査系論文の読み方』東京図書.

- Van Maanen, J. (1976), "Breaking in: Socialization to Work." In Robert Dubin (ed.), *Handbook of Work, Organization, and Society*, pp. 67-130, Chicago: Rand McNally,.

- Van Maanen, J. and E. H. Schein (1979), "Toward A Theory of Organizational Socialization." In Staw, B. M (ed.), *Research In Organizational Behavior*, Vol.1, pp.209-264, JAI Press Inc.

- 若林満・南隆男・佐野勝男(1980), 「わが国産業組織における大卒新入社員のキャリア発達過程―その経時的分析―」『組織行動研究』第6巻, 5-131頁.

- Wanous, J. P. (1973), "Effects of a realistic job preview on job acceptance, job attitudes, and job survival." *Journal of Applied Psychology*, Vol.58(3), pp.327-332.

- Wanous, J. P. (1992), *Organizational entry:Recruitment, Selection, and Socialization of newcomers*, 2nd ed., Addison-Wesley.

- 山口裕幸(2006), 「組織の情報処理とコミュニケーション」山口裕幸・髙橋潔・芳賀繁・竹村和久 編『産業・組織心理学』第3章(37-55頁), 有斐閣アルマ.

- 安田雪・石田光規(2000), 「相談と情報交換―パーソナルネットワークの機能―」『社会学評論』第51巻第1号, 104-119頁.

- Yin, R. K. (1994), *Case Study Research 2/e.* Sage publications, Inc. (近藤公彦訳『ケース・スタディの方法』千倉書房, 1996年).

- 横井豊彦・佐藤真治(2019), 「対面と非対面のコミュニケーションのプロセスの違いについて」『大阪産業大学人間環境論集』第18巻, 65-78頁.

初出一覧

第1章 「中途採用者の組織適応課題に関する質的分析」『甲南経営研究』
　　　　第57巻第4号，2017年，57-106頁を改稿.

第2章　書き下ろし

第3章 「中途採用者の組織適応を促進する個人属性と組織サポートに関
　　　　する質的分析」『甲南経営研究』第58巻第1号，2017年，57-93頁
　　　　を改稿.

第4章 「中途採用者と新卒採用者の適応エージェントに関する質的比較
　　　　分析―ネットワーク・クエスチョンとインタビューデータを用
　　　　いた混合分析―」『甲南経営研究』第58巻第2号，2017年，19-62
　　　　頁を改稿.

第5章　書き下ろし

第6章　書き下ろし

第7章 「中途採用者の組織適応モデルの提示」『甲南経営研究』第58巻
　　　　第4号，2018年，19-32頁を改稿.

補　章　書き下ろし

著者プロフィール

尾形 真実哉（おがた まみや）

甲南大学 経営学部教授

宮城県に生まれる。2007年神戸大学大学院経営学研究科博士後期課程を修了（博士〈経営学〉取得）。同年4月より甲南大学経営学部経営学科専任講師、准教授を経て、2015年甲南大学経営学部経営学科教授となり、現在に至る。専門分野は、組織行動論、経営組織論。近著に『若年就業者の組織適応─リアリティ・ショックからの成長』（白桃書房、2020年）がある。その他、共著書籍や論文も多数あり、「クリティカル・インシデント・メソッドによる若年看護師の組織適応分析─キャリア初期の経験学習に焦点を当てて」（『人材育成研究』第6巻第1号、2011年）においては、人材育成学会論文賞を受賞している。

中途採用人材を活かすマネジメント

2021年3月28日　初版第1刷 ©

著　　　者	尾形真実哉	
発 行 者	髙松克弘	
編集担当	村上直子	
発 行 所	生産性出版	

〒102-8643 東京都千代田区平河町2-13-12
日本生産性本部
電話03（3511）4034
https//www.jpc-net.jp

装丁・本文デザイン	茂呂田剛（有限会社エムアンドケイ）
印刷・製本	シナノパブリッシングプレス

乱丁・落丁は生産性出版までお送りください。お取り替えいたします。
ISBN978-4-8201-2121-3 C2034
Printed in Japan